Tahar Boumzough

L'AVOCAT, LE DETECTIVE PRIVE & L'HUISSIER DE JUSTICE

Tahar Boumzough

L'AVOCAT, LE DETECTIVE PRIVE & L'HUISSIER DE JUSTICE

Ou quand les trois professionnels collaborent pour l'intérêt de tous

Éditions Vie

Imprint
Any brand names and product names mentioned in this book are subject to trademark, brand or patent protection and are trademarks or registered trademarks of their respective holders. The use of brand names, product names, common names, trade names, product descriptions etc. even without a particular marking in this work is in no way to be construed to mean that such names may be regarded as unrestricted in respect of trademark and brand protection legislation and could thus be used by anyone.

Cover image: www.ingimage.com

Publisher:
Éditions Vie
is a trademark of
Dodo Books Indian Ocean Ltd. and OmniScriptum S.R.L publishing group

120 High Road, East Finchley, London, N2 9ED, United Kingdom
Str. Armeneasca 28/1, office 1, Chisinau MD-2012, Republic of Moldova, Europe
Printed at: see last page
ISBN: 978-3-639-80141-5

Préface :

Cher lecteur, chère lectrice,

Ce livre a pour objectif de vous plonger dans le monde de la collaboration entre l'avocat, le détective privé et l'huissier de justice. Nous avons choisi de vous présenter plusieurs histoires de cas réels et anecdotes pour illustrer les différents types de missions pour lesquelles ces professionnels peuvent collaborer.

Vous découvrirez ainsi comment l'avocat et le détective privé peuvent travailler main dans la main pour protéger les intérêts de leur client, en menant des enquêtes pour identifier des preuves, enquêter sur des faits ou retrouver des personnes. Vous comprendrez également comment l'huissier de justice peut intervenir pour permettre la saisie de biens ou procéder à l'exécution d'une décision de justice.

Chacune de ces histoires vous permettra de mieux comprendre les rouages de la collaboration entre ces différents professionnels et de mesurer l'importance de leur travail pour la résolution de dossiers parfois complexes.

Nous espérons que vous prendrez autant de plaisir à lire ce livre que nous en avons eu à le rédiger.

Bonne lecture,

Tahar Boumzough

Introduction :

L'Avocat, le Détective privé et l'Huissier de justice, trois acteurs au service du justiciable pour la défense de ses intérêts.

En effet, l'avocat, le détective privé et l'huissier de justice sont trois acteurs importants dans le domaine de la justice et peuvent être sollicités par le justiciable pour la défense de ses intérêts.

Voici un bref aperçu de leurs rôles respectifs :

- L'avocat est un professionnel du droit qui est habilité à représenter et à défendre les intérêts de ses clients devant les tribunaux. Il est en mesure de donner des conseils juridiques, de rédiger des actes juridiques, de plaider devant les tribunaux, etc.
- Le détective privé est un enquêteur qui est habilité à mener des investigations dans le cadre d'affaires privées. Il peut être sollicité pour mener des enquêtes sur des personnes, des entreprises, des fraudes, des vols, des conflits familiaux, etc. Les résultats de ses enquêtes peuvent être utilisés en justice pour défendre les intérêts de son client.
- L'huissier de justice est un officier ministériel chargé de signifier les actes de justice, de procéder à des constats, d'exécuter les décisions de justice, etc. Il peut être sollicité pour signifier une assignation, un jugement, un commandement de payer, etc. Son rôle est essentiellement d'assurer l'exécution des décisions de justice.

En résumé, l'avocat, le détective et l'huissier sont trois acteurs complémentaires qui peuvent aider le justiciable à défendre ses intérêts dans le cadre d'une affaire judiciaire ou d'une enquête. Ils interviennent chacun à leur niveau pour garantir le respect de la loi et la protection des droits de leur client.

L'avocat :

L'avocat est un professionnel du droit qui a pour mission de conseiller, d'assister et de représenter ses clients dans le cadre de procédures judiciaires ou extrajudiciaires. Il est habilité à plaider devant les tribunaux pour défendre les intérêts de ses clients.

L'avocat peut intervenir dans de nombreux domaines du droit tels que le droit des affaires, le droit du travail, le droit de la famille, le droit pénal, le droit immobilier, etc. Il est en mesure de conseiller ses clients sur leurs droits et obligations, de rédiger des actes juridiques tels que des contrats, des statuts de société, des testaments, etc. Il peut également négocier avec les parties adverses pour trouver des solutions à l'amiable ou représenter ses clients devant les tribunaux pour faire valoir leurs droits.

Pour exercer la profession d'avocat, il est nécessaire d'obtenir un diplôme de niveau Master en droit, suivi d'un examen d'entrée à l'école d'avocats. Une fois diplômé, l'avocat doit prêter serment devant un tribunal pour être autorisé à exercer la profession. L'avocat est tenu de respecter des règles déontologiques strictes, notamment le secret professionnel, l'indépendance, la loyauté et la compétence.

En résumé, l'avocat est un professionnel du droit qui a pour mission de défendre les intérêts de ses clients en leur fournissant des conseils juridiques, en rédigeant des actes juridiques et en les représentant devant les tribunaux. Il joue un rôle essentiel dans la protection des droits de ses clients et dans le respect de la loi.

Son rôle :

Le rôle de l'avocat est multiple et peut varier en fonction des besoins de son client et de la nature de l'affaire.

Voici quelques-unes de ses missions principales :

1. Conseiller : L'avocat peut conseiller son client sur les différentes options qui s'offrent à lui en fonction de sa situation. Il peut l'aider à comprendre les risques et les avantages d'une décision juridique ou d'une stratégie à adopter.
2. Représenter : L'avocat représente son client devant les tribunaux ou les autorités compétentes. Il est habilité à plaider en faveur de son client et à présenter les arguments juridiques en sa faveur.
3. Rédiger des actes juridiques : L'avocat peut rédiger des actes juridiques pour son client, tels que des contrats, des testaments, des statuts de société, des actes de cession de fonds de commerce, etc.
4. Négocier : L'avocat peut négocier avec les parties adverses pour trouver une solution à l'amiable à un conflit.

5. Informer : L'avocat doit informer son client de toutes les évolutions de son dossier et des conséquences juridiques de chaque décision à prendre.
6. Défendre les droits de son client : L'avocat a pour mission de défendre les droits de son client, notamment en garantissant le respect des procédures légales, en recherchant les preuves nécessaires pour défendre son client, etc.

En résumé, le rôle de l'avocat est de défendre les intérêts de son client, de le conseiller et de le représenter devant les tribunaux ou les autorités compétentes. Il peut intervenir dans de nombreux domaines du droit et est habilité à rédiger des actes juridiques, à négocier avec les parties adverses et à informer son client de l'évolution de son dossier.

Ses compétences :

Les compétences de l'avocat sont multiples et variées, et elles dépendent de son domaine d'activité et de l'affaire qu'il traite.

Cependant, voici quelques-unes de ses compétences clés :

1. Maîtrise du droit : L'avocat doit avoir une connaissance approfondie des règles de droit applicables à l'affaire de son client. Il doit également être en mesure de rechercher et d'interpréter les textes de loi, les jurisprudences et les doctrines juridiques pour trouver des solutions adaptées à la situation de son client.
2. Capacité d'analyse : L'avocat doit être capable d'analyser les faits et les preuves pour construire une argumentation solide et convaincante en faveur de son client.
3. Rédaction d'actes juridiques : L'avocat doit être capable de rédiger des actes juridiques tels que des contrats, des statuts de société, des testaments, etc.
4. Capacité de plaidoyer : L'avocat doit être capable de plaider en faveur de son client devant les tribunaux ou les autorités compétentes.
5. Négociation : L'avocat doit être capable de négocier avec les parties adverses pour trouver des solutions à l'amiable à un conflit.

6. Capacité à conseiller : L'avocat doit être capable de conseiller son client sur les différentes options qui s'offrent à lui en fonction de sa situation.
7. Sens de l'éthique : L'avocat doit respecter des règles déontologiques strictes, telles que le secret professionnel, l'indépendance, la loyauté et la compétence.
8. Maîtrise du droit : L'avocat doit avoir une solide connaissance du droit et de la jurisprudence, afin de pouvoir conseiller et représenter son client de manière efficace.
9. Capacité d'analyse et de synthèse : L'avocat doit être capable d'analyser les faits, les preuves et les éléments juridiques pour évaluer la situation de son client et élaborer une stratégie juridique adaptée.
10. Capacité à plaider : L'avocat doit être capable de défendre les intérêts de son client devant les tribunaux ou les autorités compétentes. Il doit être à l'aise à l'oral et être capable de persuader et de convaincre son auditoire.
11. Compétences rédactionnelles : L'avocat doit être capable de rédiger des actes juridiques, tels que des contrats, des statuts de société, des testaments, etc.
12. Compétences en négociation : L'avocat doit être capable de négocier avec les parties adverses pour trouver une solution à l'amiable à un conflit.
13. Écoute active et empathie : L'avocat doit être capable d'écouter son client, de comprendre sa situation et de faire preuve d'empathie pour pouvoir lui apporter le soutien dont il a besoin.
14. Respect des règles déontologiques : L'avocat doit respecter des règles déontologiques strictes, telles que le secret professionnel, l'indépendance, la loyauté et la compétence.

En résumé, les compétences clés de l'avocat sont la maîtrise du droit, la capacité d'analyse, la rédaction d'actes juridiques, le plaidoyer, la négociation, la capacité à conseiller et le sens de l'éthique. Les compétences de l'avocat sont multiples et couvrent à la fois des compétences techniques liées à la maîtrise du droit, des compétences relationnelles liées à la capacité d'écoute et de persuasion, ainsi que des compétences déontologiques liées au respect des règles professionnelles.

Ses domaines d'intervention :

Les domaines d'intervention de l'avocat sont nombreux et couvrent presque tous les aspects de la vie juridique.

Voici quelques exemples de domaines dans lesquels un avocat peut intervenir :

1. Droit de la famille : L'avocat peut intervenir dans des affaires de divorce, de séparation, de garde d'enfants, de pensions alimentaires, etc.
2. Droit immobilier : L'avocat peut intervenir dans des affaires de baux, de copropriété, de vente immobilière, de construction, etc.
3. Droit des affaires : L'avocat peut intervenir dans des affaires de création d'entreprise, de cession de fonds de commerce, de litiges entre entreprises, etc.
4. Droit pénal : L'avocat peut intervenir dans des affaires de délits et de crimes, en tant que conseil de la défense ou de la partie civile.
5. Droit du travail : L'avocat peut intervenir dans des affaires de licenciement, de harcèlement, de contentieux devant les prud'hommes, etc.
6. Droit fiscal : L'avocat peut intervenir dans des affaires de contentieux fiscal, d'optimisation fiscale, de déclaration fiscale, etc.
7. Droit des assurances : L'avocat peut intervenir dans des affaires de litiges avec des compagnies d'assurances, d'indemnisation, etc.
8. Droit de la propriété intellectuelle : L'avocat peut intervenir dans des affaires de protection de brevets, de marques, de droits d'auteur, etc.
9. Droit de la consommation : L'avocat peut intervenir dans des affaires de litiges entre consommateurs et professionnels, de clauses abusives, de pratiques commerciales trompeuses, etc.
10. Droit des étrangers : L'avocat peut intervenir dans des affaires de demande de visas, de naturalisation, de regroupement familial, etc.
11. Droit des successions : L'avocat peut intervenir dans des affaires de testament, de succession, de donation, etc.
12. Droit de la santé : L'avocat peut intervenir dans des affaires de litiges avec des professionnels de santé, de responsabilité médicale, de réparation du préjudice subi par les victimes, etc.

13. Droit de l'environnement : L'avocat peut intervenir dans des affaires de pollution, de gestion des déchets, d'aménagement du territoire, etc.
14. Droit de la sécurité sociale : L'avocat peut intervenir dans des affaires de contentieux devant les tribunaux de la sécurité sociale, de reconnaissance de l'invalidité, de droits des travailleurs handicapés, etc.
15. Droit international : L'avocat peut intervenir dans des affaires impliquant des enjeux internationaux, tels que des contrats internationaux, des litiges transfrontaliers, des arbitrages internationaux, etc.

Ces différents domaines d'intervention montrent la grande variété des compétences de l'avocat et la diversité des situations dans lesquelles il peut être sollicité pour conseiller, assister ou représenter son client.

Les démarches à suivre :

Les marches à suivre pour faire appel à un avocat dépendent du pays et du système juridique dans lequel vous vous trouvez.

En général, voici les étapes à suivre pour engager un avocat :

1. Identifier le domaine de droit concerné : Il est important de déterminer le domaine de droit qui est pertinent pour votre affaire, afin de trouver un avocat spécialisé dans ce domaine.
2. Trouver un avocat : Vous pouvez trouver un avocat en cherchant dans des annuaires en ligne, en demandant des recommandations à des amis ou à des professionnels du secteur, en consultant les sites web des ordres des avocats ou des barreaux, etc.
3. Contacter l'avocat : Vous pouvez contacter l'avocat par téléphone, par email ou en remplissant un formulaire de contact sur son site web. Lors de votre premier contact, expliquez brièvement votre situation et demandez une consultation pour discuter des options qui s'offrent à vous.
4. Organiser une consultation : La plupart des avocats proposent une consultation initiale gratuite pour discuter de votre affaire et déterminer si leurs services peuvent vous être utiles.

5. Engager l'avocat : Si vous décidez d'engager l'avocat, vous devrez signer un contrat de mandat qui précisera les termes de votre relation, les honoraires de l'avocat, etc.
6. Travailler avec l'avocat : Vous travaillerez avec l'avocat pour préparer votre dossier, rassembler des preuves, rédiger des documents juridiques, etc. Votre avocat pourra également représenter votre intérêt devant les tribunaux si nécessaire.

Il est important de noter que les procédures pour engager un avocat peuvent varier en fonction du pays et de la région où vous vous trouvez. Il est donc important de se renseigner sur les procédures spécifiques dans votre région ou votre pays.

Lois et réglementations concernant la profession d'avocat en France :

La profession d'avocat en France est réglementée par un ensemble de lois et de règlements.

Voici les principaux textes qui régissent cette profession :

- La loi du 31 décembre 1971 portant réforme de certaines professions judiciaires et juridiques : cette loi a créé le Conseil national des barreaux, l'Ordre des avocats et les règles déontologiques auxquelles les avocats doivent se conformer.
- Le décret du 27 novembre 1991 relatif à l'exercice de la profession d'avocat : ce décret précise les conditions d'accès à la profession, les règles de déontologie, les modalités d'exercice de la profession et les règles de fonctionnement des cabinets d'avocats.
- Le règlement intérieur national de la profession d'avocat : ce règlement fixe les règles déontologiques auxquelles les avocats doivent se conformer, notamment en matière de secret professionnel, de conflits d'intérêts et de publicité.
- La loi du 6 août 2015 pour la croissance, l'activité et l'égalité des chances économiques, dite "loi Macron" : cette loi a introduit plusieurs réformes dans la profession d'avocat, notamment la possibilité pour les avocats de

créer des structures d'exercice en commun avec d'autres professions juridiques.

- La loi du 23 mars 2019 de programmation 2018-2022 et de réforme pour la justice : cette loi a introduit des réformes dans le fonctionnement de la justice, notamment en matière de numérisation des procédures et de création d'un tribunal judiciaire unique.
- En plus de ces textes législatifs, la profession d'avocat est également encadrée par des règles déontologiques édictées par les Ordres des avocats, ainsi que par des jurisprudences établies par les tribunaux et les cours d'appel.

Les règles déontologiques :

Les règles déontologiques sont des règles édictées par les autorités compétentes en matière d'avocature pour encadrer l'exercice de la profession d'avocat. Ces règles ont pour objectif de garantir la qualité de l'exercice de la profession, de protéger les intérêts des clients, de maintenir la confiance du public dans la profession et de préserver l'honneur et la dignité de la profession.

En France, les règles déontologiques applicables aux avocats sont fixées par le Code de déontologie des avocats, qui est intégré au Règlement intérieur national (RIN) de la profession d'avocat. Ce code définit les principes généraux de la profession, les règles relatives à l'exercice de l'avocat, les règles de déontologie professionnelle, les règles de conduite envers les clients, les tiers et les confrères, et les règles relatives à la publicité et à la communication.

Les règles déontologiques imposent notamment à l'avocat l'obligation de respecter la confidentialité des échanges avec ses clients, de respecter les règles de loyauté et de probité dans l'exercice de sa profession, de respecter l'indépendance de la profession d'avocat, de ne pas accepter de mission incompatible avec les règles de la profession, de ne pas faire usage de manœuvres déloyales, de ne pas exercer de pressions sur les témoins, les parties ou les juges, et de s'abstenir de tout comportement qui porterait atteinte à l'image de la profession.

Le non-respect des règles déontologiques peut entraîner des sanctions disciplinaires allant jusqu'à la radiation du barreau.

Comment devenir avocat en France ?

Pour devenir avocat en France, il est nécessaire de suivre plusieurs étapes :

Obtenir un diplôme de niveau Bac+4 ou Bac+5, tel qu'une Licence de Droit ou un Master de Droit.

Passer le concours d'entrée à l'École Nationale des Barreaux (ENM), qui comprend des épreuves écrites et orales. Ce concours est ouvert aux titulaires d'un Master 1 en Droit ou aux élèves en fin de Master 2.

Suivre une formation professionnelle d'une durée de 18 mois à l'ENM, qui combine enseignements théoriques et stages pratiques.

Valider le CAPA (Certificat d'Aptitude à la Profession d'Avocat) à l'issue de la formation, qui permet d'exercer la profession d'avocat.

Il est également important de noter que la profession d'avocat est réglementée et soumise à des règles déontologiques strictes.

Le détective privé :

Un détective privé est un professionnel dont le rôle est de mener des enquêtes pour le compte de particuliers, d'entreprises, d'avocats, d'assureurs ou d'autres entités. Le travail du détective privé consiste à recueillir des informations, à analyser des données et à identifier des preuves pour aider ses clients à résoudre des problèmes juridiques, professionnels ou personnels.

Voici quelques informations sur le rôle, les compétences et les domaines d'intervention du détective privé :

Le rôle du détective privé : Le détective privé travaille sur des enquêtes portant sur des domaines tels que la recherche de personnes disparues, la vérification de l'honnêteté d'un salarié, la fraude à l'assurance, la concurrence déloyale, la cybercriminalité, l'adultère, etc.

Les compétences du détective privé : Le détective privé doit posséder des compétences en matière d'observation, de communication, de recherche d'informations, de collecte de preuves et de présentation de rapports. Il doit également être capable de travailler discrètement et de respecter les lois et les règlements en matière de vie privée et de protection des données personnelles.

Les domaines d'intervention du détective privé : Le détective privé peut intervenir dans des domaines tels que le droit civil, le droit pénal, le droit du travail, le droit commercial, le droit de la propriété intellectuelle, etc. Les enquêtes peuvent être menées pour le compte de particuliers, d'entreprises, de cabinets d'avocats, d'assureurs, de collectivités territoriales, etc.

Le détective privé est une profession réglementée dans de nombreux pays. Les détectives privés doivent être titulaires d'une licence ou d'une autorisation délivrée par l'autorité compétente de leur pays ou de leur État. Le statut du détective privé peut varier selon les pays, mais dans la plupart des cas, il s'agit d'un travailleur indépendant ou d'un travailleur autonome.

En France, par exemple, la profession de détective privé est réglementée par le Code de la sécurité intérieure. Les détectives privés doivent obtenir un agrément délivré par le Conseil national des activités privées de sécurité (CNAPS) pour exercer leur activité. Ils doivent également respecter des règles déontologiques strictes et sont soumis à des contrôles réguliers.

Aux États-Unis, les détectives privés sont réglementés au niveau de chaque État. Les exigences en matière de licence et de formation varient selon l'État. Dans certains États, les détectives privés doivent être titulaires d'un diplôme universitaire, tandis que dans d'autres, une expérience professionnelle suffit pour obtenir une licence.

Dans la plupart des pays, les détectives privés peuvent travailler pour leur propre compte ou pour une agence de détectives privés. Ils peuvent également travailler pour des entreprises, des cabinets d'avocats, des organismes publics ou des particuliers.

En ce qui concerne la profession elle-même, les détectives privés doivent posséder des compétences en matière de recherche, d'analyse de données, de collecte d'informations et de communication. Ils doivent également avoir une connaissance approfondie de la loi et des réglementations en vigueur dans leur pays ou leur État.

Il est important de noter que les détectives privés doivent se conformer aux lois et aux réglementations en vigueur dans leur pays ou leur État. Les procédures et les règles peuvent varier en fonction de la région où ils exercent leur activité.

Son rôle :

Le rôle du détective privé est de recueillir des informations et des preuves pour aider leurs clients à résoudre des problèmes ou des situations qui nécessitent une enquête. Leurs services peuvent être demandés pour des raisons personnelles, professionnelles ou juridiques.

Voici quelques exemples de situations dans lesquelles un détective privé peut être sollicité :

- Enquête de vérification des antécédents d'un employé potentiel ou d'un conjoint
- Recherche d'un parent disparu ou d'un ami perdu de vue
- Surveillance d'un conjoint soupçonné d'adultère
- Enquête sur une affaire de vol ou de fraude
- Collecte de preuves pour une procédure judiciaire ou un litige civil
- Enquête sur une affaire de harcèlement ou de comportement criminel
- Vérification des antécédents : Les détectives privés peuvent effectuer des enquêtes approfondies sur les antécédents d'un employé potentiel, d'un partenaire commercial, ou d'un conjoint pour évaluer leur crédibilité, leur intégrité et leur comportement.
- Surveillance : Les détectives privés peuvent être embauchés pour surveiller un conjoint soupçonné d'adultère, un employé soupçonné de vol, ou un individu qui peut poser un risque pour la sécurité. Ils utilisent des techniques de surveillance pour collecter des preuves et des informations.
- Enquêtes sur la fraude : Les détectives privés peuvent aider à enquêter sur des cas de fraude, tels que la fraude à l'assurance, la fraude à la sécurité sociale, ou la fraude dans les entreprises. Ils peuvent aider à collecter des preuves et des témoignages pour aider à la résolution de ces cas.
- Recherche de personnes disparues : Les détectives privés peuvent aider à rechercher des personnes disparues, telles que des parents, des amis ou des personnes en fuite. Ils utilisent des techniques de recherche pour recueillir des informations sur la personne disparue et pour retrouver sa trace.
- Services de sécurité : Les détectives privés peuvent aider à fournir des services de sécurité pour les événements, les personnes ou les

entreprises. Ils peuvent aider à évaluer les risques, à développer des plans de sécurité et à surveiller les zones à risque.

Les détectives privés mènent une grande variété d'enquêtes, selon les besoins de leurs clients.

Voici quelques exemples d'enquêtes courantes menées par des détectives privés :

- Enquête de filature : Dans ce type d'enquête, le détective privé suit une personne discrètement pour obtenir des preuves de son comportement. Par exemple, une enquête de filature peut être menée pour prouver l'adultère d'un conjoint.
- Enquête de vérification de l'emploi : Cette enquête consiste à vérifier si les informations fournies par un candidat à un emploi sont exactes. Le détective peut contacter les anciens employeurs du candidat pour vérifier ses antécédents professionnels et ses qualifications.
- Enquête de fraude à l'assurance : Les détectives privés sont souvent engagés pour enquêter sur les réclamations d'assurance frauduleuses. Ils peuvent vérifier les preuves médicales, enquêter sur les circonstances de l'incident et examiner les antécédents de la personne qui fait la demande.
- Enquête de vérification des antécédents : Dans ce type d'enquête, le détective privé vérifie les antécédents d'une personne ou d'une entreprise pour déterminer si elle a des antécédents criminels, des problèmes financiers, ou des liens avec des personnes ou des organisations suspectes.
- Enquête de concurrence déloyale : Les détectives privés peuvent enquêter sur des entreprises qui pratiquent une concurrence déloyale en volant des secrets commerciaux, des clients ou du personnel. Ils peuvent enquêter sur des pratiques commerciales douteuses et collecter des preuves pour une éventuelle action en justice.

Ces exemples ne sont pas exhaustifs et les détectives privés peuvent être engagés pour mener d'autres types d'enquêtes en fonction des besoins de leurs clients. Il est important de noter que les détectives privés doivent se conformer aux lois locales et respecter les droits de l'homme lorsqu'ils mènent leurs enquêtes.

Le détective privé peut mener des enquêtes en utilisant des méthodes telles que la surveillance, la recherche de données publiques et privées, l'interrogation de témoins et l'utilisation de techniques d'investigation spécialisées. Ils peuvent également travailler avec des avocats, des forces de l'ordre ou d'autres professionnels pour obtenir des informations ou des preuves.

Il est important de noter que les détectives privés travaillent dans le respect des lois et des réglementations en vigueur dans leur pays ou leur État. Ils doivent également respecter des règles déontologiques strictes pour garantir la confidentialité et la sécurité de leurs clients.

Ses compétences :

Les compétences d'un détective privé peuvent varier en fonction de son expérience, de sa formation et de son domaine d'expertise.

Cependant, voici quelques compétences générales qui sont importantes pour un détective privé :

1. Capacités d'investigation : Un détective privé doit être capable de mener des enquêtes approfondies et d'utiliser des techniques d'investigation pour collecter des informations et des preuves. Cela implique des compétences telles que la collecte et l'analyse d'informations, la recherche de sources, l'interrogation de témoins et l'utilisation de la technologie pour surveiller et suivre les mouvements d'une personne.
2. Discrétion et confidentialité : Les détectives privés travaillent souvent avec des informations sensibles et confidentielles, il est donc important qu'ils soient en mesure de maintenir la discrétion et la confidentialité. Cela signifie qu'ils doivent être en mesure de protéger les informations sensibles de leurs clients et de travailler sans éveiller les soupçons ou l'attention.
3. Communication et relations interpersonnelles : Les détectives privés doivent être capables de communiquer clairement et efficacement avec leurs clients, ainsi qu'avec les témoins et les personnes impliquées dans leurs enquêtes. Ils doivent être en mesure d'établir des relations de confiance avec les personnes avec lesquelles ils travaillent pour obtenir des informations et des preuves.

4. Connaissance des lois et des réglementations : Les détectives privés doivent être en mesure de travailler dans le respect des lois et des réglementations en vigueur dans leur pays ou leur État. Ils doivent être en mesure de comprendre les lois et les règles régissant les enquêtes privées, les droits de confidentialité et les lois sur la protection des données personnelles.
5. Compétences technologiques : Les détectives privés doivent être en mesure d'utiliser des outils et des technologies pour mener leurs enquêtes, tels que des caméras de surveillance, des enregistreurs audios, des logiciels de reconnaissance faciale et des outils de recherche en ligne. Ils doivent également être en mesure de travailler avec des logiciels de traitement de données et d'analyse pour examiner les informations collectées lors de leurs enquêtes.

Ses domaines d'intervention :

Le détective privé peut intervenir dans différents domaines en fonction des besoins de ses clients.

Voici quelques exemples de domaines d'intervention :

1. Enquêtes de fraude : Les détectives privés peuvent enquêter sur les fraudes financières, les détournements de fonds, les fausses déclarations, les abus de pouvoir ou les abus de confiance.
2. Enquêtes de sécurité : Les détectives privés peuvent être chargés de garantir la sécurité des personnes ou des biens, par exemple en menant des enquêtes pour identifier des menaces ou des risques potentiels.
3. Enquêtes familiales : Les détectives privés peuvent être sollicités pour enquêter sur des affaires de divorce, de garde d'enfants, de pension alimentaire, d'adultère ou de comportement suspect.
4. Enquêtes commerciales : Les détectives privés peuvent enquêter sur les antécédents professionnels de personnes ou d'entreprises, collecter des informations sur les concurrents, ou encore enquêter sur les vols, les fraudes ou les actes de sabotage en entreprise.

5. Enquêtes criminelles : Les détectives privés peuvent être engagés pour aider les autorités à résoudre des affaires criminelles en collectant des preuves ou des témoignages.
6. Recherche de personnes : Les détectives privés peuvent être sollicités pour retrouver des personnes disparues ou recherchées, par exemple dans le cadre de recherches de personnes pour des affaires de succession ou d'héritage.
7. Enquêtes sur Internet : Les détectives privés peuvent être spécialisés dans la collecte d'informations sur les réseaux sociaux, les sites web et les moteurs de recherche pour aider les clients à résoudre des problèmes tels que le harcèlement en ligne ou la diffamation sur Internet.
8. Enquêtes d'assurance : Les détectives privés peuvent être sollicités pour enquêter sur des cas de fraude à l'assurance, comme des fausses déclarations d'accidents ou de maladies.
9. Enquêtes sur la contrefaçon : Les détectives privés peuvent être chargés de traquer les produits contrefaits ou les violations de marques déposées.
10. Enquêtes sur les ressources humaines : Les détectives privés peuvent être engagés pour enquêter sur des cas de harcèlement ou de discrimination en milieu de travail, ou pour effectuer des vérifications de références sur les candidats à un emploi.
11. Enquêtes sur la propriété intellectuelle : Les détectives privés peuvent être chargés de traquer les violations de brevets, de marques déposées ou de droits d'auteur.
12. Enquêtes sur les droits de la propriété : Les détectives privés peuvent enquêter sur les cas de vol ou de vandalisme de biens immobiliers ou de terrains.

Il est important de noter que les domaines d'intervention des détectives privés peuvent varier en fonction des lois et des réglementations en vigueur dans chaque pays ou région. Il est donc essentiel de consulter un détective privé pour déterminer les services adaptés à chaque situation.

Les démarches à suivre :

Si vous souhaitez faire appel à un détective privé, voici les étapes à suivre :

1. Identifier vos besoins : Déterminez le type d'enquête que vous souhaitez mener et les informations dont vous avez besoin pour résoudre votre problème.
2. Trouver un détective privé : Vous pouvez trouver un détective privé en consultant des annuaires en ligne, en demandant des recommandations à des amis ou à des professionnels du secteur, ou en consultant les sites web des associations de détectives privés.
3. Contacter le détective privé : Contactez le détective privé pour expliquer brièvement votre situation et demander une consultation pour discuter des options qui s'offrent à vous.
4. Organiser une consultation : La plupart des détectives privés proposent une consultation initiale gratuite pour discuter de votre affaire et déterminer si leurs services peuvent vous être utiles.
5. Engager le détective privé : Si vous décidez d'engager le détective privé, vous devrez signer un contrat de mandat qui précisera les termes de votre relation, les honoraires du détective, etc.
6. Travailler avec le détective privé : Vous travaillerez avec le détective privé pour élaborer un plan d'enquête, fournir des informations et des preuves, et recevoir des rapports sur l'avancement de l'enquête. Le détective privé peut également être amené à témoigner devant les tribunaux si nécessaire.

Il est important de noter que les enquêtes menées par un détective privé peuvent prendre du temps et être coûteuses. Il est donc recommandé de discuter avec le détective privé des coûts associés à l'enquête et de s'assurer que vous avez les ressources nécessaires pour poursuivre l'enquête jusqu'à son terme.

Lois et réglementations concernant la profession de détective privé en France :

En France, la profession de détective privé est réglementée par le Code de la Sécurité Intérieure (CSI) et le Décret n°2012-870 du 10 juillet 2012.

Les principales dispositions de la législation et de la réglementation applicables à la profession de détective privé sont les suivantes :

Le détective privé doit être titulaire d'une autorisation délivrée par le CNAPS (Conseil National des Activités Privées de Sécurité), autorité administrative placée sous la tutelle du ministère de l'Intérieur.

Le détective privé doit être immatriculé au registre du commerce et des sociétés (RCS) et disposer d'une assurance responsabilité civile professionnelle.

Les missions du détective privé doivent être légales, c'est-à-dire qu'elles ne doivent pas porter atteinte aux libertés individuelles et collectives, à la vie privée et aux droits fondamentaux.

Le détective privé doit respecter le secret professionnel et ne peut divulguer les informations recueillies dans le cadre de ses missions qu'à son client ou à une autorité judiciaire.

Le détective privé ne peut pas procéder à des interceptions de correspondances émises par voie de télécommunications, sauf autorisation judiciaire.

Le détective privé ne peut pas procéder à des intrusions dans des lieux privés ou protégés, sauf autorisation judiciaire ou accord du propriétaire des lieux.

Le détective privé ne peut pas se faire passer pour une personne habilitée à exercer une fonction publique ou pour un avocat.

Le non-respect de ces règles peut entraîner des sanctions disciplinaires, pénales et civiles pour le détective privé, notamment la suspension ou le retrait de son autorisation d'exercice et des dommages et intérêts pour le client lésé.

Règles de déontologie :

Les détectives privés en France sont régis par la loi n° 83-629 du 12 juillet 1983 réglementant les activités privées de sécurité, ainsi que par le décret d'application n° 2007-1386 du 27 septembre 2007. Ces textes fixent les conditions d'exercice de la profession de détective privé et précisent les règles de déontologie auxquelles doivent se conformer les professionnels.

Voici quelques-unes des règles de déontologie auxquelles les détectives privés doivent se conformer :

- Respect de la vie privée : le détective privé doit respecter la vie privée des personnes qu'il observe ou sur lesquelles il enquête. Il ne doit pas recueillir des informations en violation de la loi ou de la déontologie professionnelle.
- Respect du secret professionnel : le détective privé est soumis au secret professionnel et doit garder confidentielles toutes les informations qu'il détient dans le cadre de sa mission.
- Loyauté : le détective privé doit agir avec loyauté et honnêteté envers son client, ainsi qu'envers les tiers qu'il est amené à rencontrer dans le cadre de sa mission.
- Ne pas porter atteinte à l'intégrité physique ou morale des personnes : le détective privé ne doit pas porter atteinte à l'intégrité physique ou morale des personnes sur lesquelles il enquête.
- Respect des lois et règlements : le détective privé doit exercer sa profession dans le respect des lois et règlements en vigueur.
- Déclaration d'activité : le détective privé doit obligatoirement déclarer son activité auprès du Conseil National des Activités Privées de Sécurité (CNAPS) et obtenir une autorisation d'exercer.

Ces règles de déontologie sont très importantes car elles garantissent que les détectives privés exercent leur métier dans le respect des droits et des libertés individuelles, tout en assurant une qualité de travail et une fiabilité à leur clientèle.

Comment devenir détective privé en France ?

En France, pour devenir détective privé, il faut suivre un certain nombre d'étapes. Tout d'abord, il faut être majeur, posséder un casier judiciaire vierge et ne pas avoir été condamné à une peine correctionnelle ou criminelle.

Ensuite, il est nécessaire de suivre une formation de 400 heures, dispensée par un organisme agréé par le Conseil national des activités privées de sécurité (CNAPS). Cette formation porte notamment sur les matières suivantes : droit pénal, droit civil, droit commercial, techniques d'investigation, etc.

Une fois la formation terminée, il faut passer un examen national pour obtenir le certificat de qualification professionnelle (CQP) d'agent de recherches privées. L'examen comporte des épreuves écrites et orales portant sur les matières de la formation.

Enfin, il est nécessaire de faire une demande d'agrément auprès du CNAPS pour pouvoir exercer la profession de détective privé. Cette demande doit être accompagnée de différents documents, tels qu'un extrait de casier judiciaire, un certificat de formation, une assurance responsabilité civile professionnelle, etc.

Où est-ce qu'on passe l'examen CQP ?

Le Certificat de Qualification Professionnelle (CQP) n'est pas un examen unique, mais plutôt un ensemble de formations spécifiques proposées par les organismes de formation privés ou les chambres syndicales des détectives privés en France. Les formations couvrent un large éventail de compétences, allant de la recherche d'informations à l'utilisation de techniques d'investigation spécialisées.

Les centres de formation pour le CQP peuvent être trouvés en contactant la Chambre Professionnelle des Détectives Privés de votre région ou en effectuant une recherche en ligne. Une fois la formation terminée, les candidats doivent passer un examen professionnel auprès de la préfecture de leur région pour obtenir leur carte professionnelle de détective privé.

Le diplôme de détective privé :

Le diplôme de détective privé est délivré par le Conseil national des activités privées de sécurité (CNAPS). Il s'agit d'un diplôme de niveau II (équivalent à un bac+3) qui permet d'exercer le métier de détective privé en France.

Pour obtenir ce diplôme, il faut suivre une formation spécifique dans un établissement agréé par le CNAPS. La formation dure environ 500 heures et peut être suivie en présentiel ou à distance. Elle comporte des enseignements théoriques (droit pénal, droit civil, procédure pénale, etc.) ainsi que des stages pratiques en entreprise.

Après avoir obtenu le diplôme, il est nécessaire de faire une demande d'agrément auprès du CNAPS pour pouvoir exercer la profession de détective privé. Cette demande doit être accompagnée d'un casier judiciaire vierge, d'une attestation d'assurance responsabilité civile professionnelle et d'une justification de l'expérience professionnelle dans le domaine de la sécurité privée.

L'huissier de justice :

Un huissier de justice est un officier ministériel chargé de représenter l'autorité de l'Etat dans certains actes de la vie civile et judiciaire. Il est assermenté et exerce une profession réglementée.

Le travail de l'huissier de justice consiste principalement à :

- Signifier les actes de procédure : L'huissier de justice est chargé de signifier les actes de procédure (assignations, jugements, etc.) aux personnes concernées, en leur remettant une copie de l'acte et en leur faisant connaître les conséquences juridiques de l'acte signifié.
- Exécuter les décisions de justice : L'huissier de justice est également chargé d'exécuter les décisions de justice, comme les jugements d'expulsion, les saisies, les ventes aux enchères, etc.
- Constatations : L'huissier de justice peut également être chargé de constater des faits, comme des travaux effectués sur un immeuble, des nuisances sonores, des dommages causés à un bien immobilier, etc.

- Recouvrement de créances : L'huissier de justice peut intervenir pour le recouvrement de créances, en adressant des mises en demeure, en effectuant des saisies, etc.
- Conseils juridiques : L'huissier de justice peut également fournir des conseils juridiques dans certains domaines, comme la procédure civile d'exécution, la vente aux enchères, etc.

En résumé, l'huissier de justice est un professionnel du droit chargé de représenter l'autorité de l'Etat dans certaines procédures civiles et judiciaires, et de garantir le respect des décisions de justice.

Son rôle :

Le rôle de l'huissier de justice consiste principalement à représenter l'autorité de l'Etat dans certains actes de la vie civile et judiciaire.

Voici quelques-unes de ses missions principales :

- Signifier les actes de procédure : L'huissier de justice est chargé de signifier les actes de procédure (assignations, jugements, etc.) aux personnes concernées, en leur remettant une copie de l'acte et en leur faisant connaître les conséquences juridiques de l'acte signifié.
- Exécuter les décisions de justice : L'huissier de justice est également chargé d'exécuter les décisions de justice, comme les jugements d'expulsion, les saisies, les ventes aux enchères, etc.
- Constatations : L'huissier de justice peut également être chargé de constater des faits, comme des travaux effectués sur un immeuble, des nuisances sonores, des dommages causés à un bien immobilier, etc.
- Recouvrement de créances : L'huissier de justice peut intervenir pour le recouvrement de créances, en adressant des mises en demeure, en effectuant des saisies, etc.
- Conseils juridiques : L'huissier de justice peut également fournir des conseils juridiques dans certains domaines, comme la procédure civile d'exécution, la vente aux enchères, etc.

En résumé, l'huissier de justice joue un rôle important dans le respect des décisions de justice et l'application des lois en vigueur. Ses missions peuvent varier en fonction des cas particuliers, mais elles sont toutes orientées vers la défense des intérêts des parties concernées et le maintien de l'ordre public.

Ses compétences :

Les compétences de l'huissier de justice sont régies par la loi et sont principalement liées à sa mission d'officier ministériel.

Voici quelques-unes de ses compétences principales :

- Connaissance du droit : L'huissier de justice est un professionnel du droit, qui dispose d'une solide formation juridique et d'une connaissance approfondie des lois et des procédures en vigueur.
- Capacités d'investigation : L'huissier de justice doit être capable de mener des enquêtes et des investigations pour recueillir les informations nécessaires à la résolution des affaires dont il a la charge.
- Habiletés relationnelles : L'huissier de justice est en contact permanent avec des particuliers, des entreprises et des institutions publiques. Il doit donc disposer d'excellentes compétences relationnelles pour communiquer efficacement avec toutes les parties prenantes.
- Aptitudes rédactionnelles : L'huissier de justice doit rédiger des actes juridiques précis et complets, qui seront utilisés dans le cadre de procédures judiciaires ou administratives. Il doit donc disposer d'aptitudes rédactionnelles solides et maîtriser parfaitement la langue française.
- Compétences en informatique : L'huissier de justice utilise des outils informatiques pour gérer ses dossiers, produire des actes, communiquer avec ses clients et les institutions publiques, etc. Il doit donc disposer de compétences solides en informatique et être à l'aise avec les outils numériques.
- Signification des actes : L'huissier de justice est habilité à signifier les actes de procédure, c'est-à-dire à remettre aux personnes concernées une copie de l'acte et à leur faire connaître les conséquences juridiques de l'acte signifié.

- Exécution des décisions de justice : L'huissier de justice est habilité à exécuter les décisions de justice, c'est-à-dire à faire respecter les jugements rendus par les tribunaux et les décisions administratives.
- Constatations : L'huissier de justice est habilité à constater des faits, comme des travaux effectués sur un immeuble, des nuisances sonores, des dommages causés à un bien immobilier, etc.
- Recouvrement de créances : L'huissier de justice est habilité à intervenir pour le recouvrement de créances, en adressant des mises en demeure, en effectuant des saisies, etc.
- Ventes aux enchères publiques : L'huissier de justice est habilité à organiser des ventes aux enchères publiques, par exemple pour la vente de biens immobiliers saisis ou pour la vente de biens mobiliers.

En résumé, l'huissier de justice est un professionnel du droit qui dispose de compétences variées, allant de la connaissance du droit à l'utilisation d'outils informatiques en passant par les habiletés relationnelles et les aptitudes rédactionnelles. Toutes ces compétences sont indispensables pour exercer efficacement sa mission et garantir la défense des intérêts des parties concernées.

Ses domaines d'intervention :

L'huissier de justice intervient dans de nombreux domaines, tant pour les particuliers que pour les entreprises et les institutions publiques.

Voici quelques exemples de domaines d'intervention courants pour l'huissier de justice :

- Recouvrement de créances : L'huissier de justice peut être mandaté pour récupérer des sommes d'argent dues à une entreprise ou à un particulier.
- Constat d'huissier : L'huissier de justice peut être chargé de constater des faits dans le cadre d'un litige ou d'une procédure judiciaire (par exemple, un constat d'occupation illégale, un constat de travaux non conformes, un constat de voisinage, etc.).
- Signification d'actes : L'huissier de justice est habilité à signifier les actes de procédure (assignations, jugements, etc.) à toutes les parties concernées.

- Exécution des décisions de justice : L'huissier de justice peut être mandaté pour procéder à l'exécution forcée d'une décision de justice (saisie de biens, expulsion, etc.).
- Successions : L'huissier de justice peut être chargé de dresser l'inventaire des biens d'une succession et de le transmettre au notaire chargé de la succession.
- Jeu et concours : L'huissier de justice peut être mandaté pour valider les tirages au sort des jeux et concours organisés par des entreprises ou des associations.
- Ventes aux enchères : L'huissier de justice peut organiser des ventes aux enchères publiques de biens saisis ou provenant de successions.
- Gestion des contentieux locatifs : L'huissier de justice intervient régulièrement dans les contentieux locatifs (impayés de loyers, expulsions, etc.). Il est ainsi chargé de signifier les actes nécessaires à la résolution des conflits entre propriétaires et locataires.

En résumé, l'huissier de justice intervient dans de nombreux domaines d'activité, allant du recouvrement de créances à la gestion des contentieux locatifs en passant par les constats et l'exécution des décisions de justice. Son rôle est crucial pour garantir la défense des intérêts des parties concernées et veiller au respect des lois et des procédures en vigueur.

Les démarches à suivre :

Les démarches à suivre pour faire appel à un huissier de justice dépendent du type de mission à confier.

Voici quelques exemples :

- Recouvrement de créances : Si vous êtes créancier et que vous souhaitez confier le recouvrement d'une créance impayée à un huissier de justice, vous devez d'abord lui fournir les éléments nécessaires à la récupération de la somme due (factures, preuves de la dette, etc.). L'huissier de justice peut alors mettre en place les mesures d'exécution forcée nécessaires (saisie, vente aux enchères, etc.) pour récupérer les sommes dues.
- Signification d'actes : Si vous êtes partie à une procédure judiciaire et que vous devez faire signifier un acte (assignation, jugement, etc.) à une

personne concernée, vous pouvez contacter un huissier de justice pour effectuer cette démarche. Vous devez fournir à l'huissier de justice l'acte à signifier ainsi que les coordonnées de la personne concernée. L'huissier de justice se charge alors de signifier l'acte dans les délais impartis par la loi.

- Constats : Si vous souhaitez faire dresser un constat par un huissier de justice, vous devez lui fournir les éléments nécessaires à la constatation du fait ou de la situation en question. L'huissier de justice se déplace alors sur les lieux pour effectuer le constat et rédiger l'acte officiel correspondant.
- Exécution des décisions de justice : Si vous êtes créancier et que vous souhaitez faire exécuter une décision de justice (jugement, arrêt, etc.), vous pouvez contacter un huissier de justice pour mettre en place les mesures d'exécution nécessaires. L'huissier de justice se charge alors de procéder à la saisie de biens ou à la vente aux enchères pour récupérer les sommes dues.
- Gestion des contentieux locatifs : Si vous êtes propriétaire et que vous souhaitez engager une procédure contre votre locataire (impayés de loyers, résiliation de bail, etc.), vous pouvez contacter un huissier de justice pour signifier les actes nécessaires à la résolution du conflit. L'huissier de justice peut également procéder à l'expulsion du locataire en cas de non-respect des obligations contractuelles.

En résumé, les démarches à suivre pour faire appel à un huissier de justice dépendent de la nature de la mission à confier. Il est conseillé de se renseigner auprès d'un professionnel pour connaître les modalités précises de chaque intervention.

Lois et réglementation du métier d'huissier de justice en France :

Le métier d'huissier de justice en France est réglementé par le Code des procédures civiles d'exécution.

Les principales dispositions réglementant la profession sont les suivantes :

- L'article L. 111-1 du Code des procédures civiles d'exécution définit l'huissier de justice comme un officier ministériel chargé de signifier les actes de procédure et d'exécuter les décisions de justice.
- Les articles L. 111-2 à L. 111-5 précisent les conditions d'accès à la profession d'huissier de justice. Il faut notamment être titulaire d'un diplôme de niveau bac+4 ou justifier d'une expérience professionnelle équivalente.
- L'article L. 111-6 énumère les fonctions de l'huissier de justice, qui sont notamment la signification des actes de procédure, la saisie des biens, l'exécution des décisions de justice, l'établissement de constats et la rédaction d'actes authentiques.
- Les articles L. 111-7 à L. 111-10 fixent les règles relatives à l'installation et au fonctionnement des offices d'huissier de justice.
- Les articles L. 111-11 à L. 111-13 définissent les conditions de rémunération des huissiers de justice et les tarifs applicables à leurs actes.
- Les articles L. 111-14 à L. 111-20 précisent les règles déontologiques auxquelles sont soumis les huissiers de justice, notamment en matière d'indépendance, de confidentialité et de probité.
- Les articles L. 111-21 à L. 111-23 fixent les règles de discipline applicables aux huissiers de justice en cas de manquement aux règles déontologiques.

Il convient également de préciser que les huissiers de justice sont soumis au contrôle du ministère de la Justice et de la chambre nationale des huissiers de justice.

Comment devenir huissier de justice en France ?

Pour devenir huissier de justice en France, il faut suivre les étapes suivantes :

Obtenir un diplôme de niveau Bac+4 ou plus en droit ou en économie-gestion.

Réussir un examen national d'accès à la profession d'huissier de justice (ENP).

Effectuer un stage professionnel de deux ans dans une étude d'huissier de justice.

Passer un examen professionnel final pour être assermenté et être inscrit sur la liste des huissiers de justice.

Il est important de noter que le nombre de postes d'huissier de justice est limité et que la concurrence pour l'accès à la profession est donc élevée. Les candidats doivent donc se préparer sérieusement à l'examen et avoir un parcours académique et professionnel solide.

Les points communs entre l'avocat, le détective privé et l'huissier :

Bien que les avocats, les détectives privés et les huissiers de justice aient des rôles et des missions différents, ils ont certains points communs dans leur pratique professionnelle.

Voici quelques exemples :

- La discrétion : Les trois professions sont soumises au secret professionnel et sont tenues de garantir la confidentialité des informations qui leur sont confiées.
- La rigueur : Les avocats, les détectives privés et les huissiers de justice doivent faire preuve d'une grande rigueur dans leur travail pour garantir l'exactitude des informations qu'ils fournissent.
- La recherche de preuves : Les avocats et les détectives privés sont souvent amenés à rechercher des preuves pour défendre les intérêts de leurs clients. Les huissiers de justice peuvent également être chargés de procéder à des constats pour établir des preuves dans le cadre d'un contentieux.
- La connaissance du droit : Les avocats et les huissiers de justice ont une formation juridique poussée et sont experts en droit. Les détectives privés doivent également connaître les lois et les règles qui régissent leur profession.
- La relation avec le justiciable : Les avocats, les détectives privés et les huissiers de justice ont tous une relation directe avec le justiciable et doivent faire preuve de professionnalisme et de courtoisie dans leurs échanges avec leurs clients.

La chronologie dans le temps des interventions de l'avocat, du détective privé et de l'huissier :

La chronologie des interventions de l'avocat, du détective privé et de l'huissier peut varier en fonction de la nature de l'affaire et de la mission qui leur est confiée.

Cependant, voici une possible chronologie des interventions dans le cadre d'une affaire judiciaire :

- L'avocat est souvent le premier intervenant dans une affaire judiciaire. Il rencontre le client pour comprendre la situation, évaluer la faisabilité du dossier et déterminer les actions à entreprendre.
- En fonction de la nature de l'affaire, l'avocat peut demander l'intervention d'un détective privé pour collecter des preuves supplémentaires ou enquêter sur certains points de l'affaire. Le détective privé peut être amené à effectuer des filatures, des surveillances ou encore des investigations sur le terrain.
- Une fois que l'avocat dispose de toutes les preuves nécessaires, il entame la procédure judiciaire en saisissant le tribunal compétent. Il peut également entamer des négociations avec la partie adverse pour trouver un accord à l'amiable.
- Si le tribunal rend une décision favorable, l'huissier de justice peut intervenir pour signifier la décision à la partie adverse et procéder à l'exécution de la décision (recouvrement de créances, expulsion, saisie-vente, etc.).

En résumé, la chronologie des interventions de l'avocat, du détective privé et de l'huissier peut varier en fonction de la nature de l'affaire et de la mission qui leur est confiée, mais ils interviennent généralement à des moments clés de la procédure judiciaire.

Dans quels cas et à quel moment un client qui a pris un avocat peut faire appel à un détective privé ?

Un client peut faire appel à un détective privé en collaboration avec son avocat dans plusieurs cas, notamment :

1. Collecte de preuves : Si le client a des soupçons sur la partie adverse ou sur des faits qui pourraient influencer l'issue de l'affaire, l'avocat peut demander l'intervention d'un détective privé pour collecter des preuves supplémentaires. Le détective privé peut notamment effectuer des filatures, des surveillances, des enquêtes sur le terrain, etc.
2. Vérification de l'honnêteté d'une personne : Dans certains cas, l'avocat peut demander à un détective privé de vérifier l'honnêteté d'une personne impliquée dans l'affaire, que ce soit le client, un témoin ou la partie adverse.
3. Localisation d'une personne : Si le client doit faire valoir ses droits sur une personne disparue, l'avocat peut demander l'aide d'un détective privé pour la localiser.
4. Enquête sur une fraude : Si le client a des soupçons sur une fraude qui pourrait impacter l'issue de l'affaire, l'avocat peut demander à un détective privé d'enquêter sur cette fraude.
5. Enquête sur une concurrence déloyale : Si le client soupçonne une concurrence déloyale de la part de la partie adverse, l'avocat peut demander à un détective privé de mener une enquête pour collecter des preuves de cette concurrence déloyale.
6. Enquête sur une infidélité : Si le client doit prouver une infidélité dans le cadre d'un divorce ou d'une séparation, l'avocat peut demander à un détective privé de mener une enquête pour obtenir des preuves d'infidélité.

Il est généralement conseillé de faire appel à un détective privé en collaboration avec l'avocat pour s'assurer que les preuves obtenues sont recevables devant les tribunaux. Le moment où le client peut faire appel à un détective privé dépend du cas et de l'avancement de l'affaire. Il est donc recommandé de discuter avec son avocat pour déterminer le moment le plus opportun pour faire appel à un détective privé.

Il est important de noter que les enquêtes menées par un détective privé doivent être conformes à la loi et ne doivent pas porter atteinte aux droits des personnes concernées. Il est donc recommandé de faire appel à un détective privé professionnel et expérimenté qui respecte les normes éthiques et légales.

Dans quels cas et à quel moment un client qui a pris un détective privé peut faire appel à un avocat ?

Le client qui a pris un détective privé peut faire appel à un avocat dans les cas suivants :

1. Analyse des preuves : Si le détective privé a collecté des preuves, l'avocat peut analyser ces preuves pour déterminer leur pertinence et leur admissibilité devant les tribunaux.
2. Conseil juridique : L'avocat peut fournir des conseils juridiques sur les étapes à suivre pour utiliser les preuves collectées par le détective privé et sur les stratégies à adopter pour défendre les intérêts du client.
3. Représentation devant les tribunaux : Si l'affaire est portée devant les tribunaux, l'avocat peut représenter le client et utiliser les preuves collectées par le détective privé pour défendre les intérêts du client.
4. Négociations : Si l'affaire peut être réglée à l'amiable, l'avocat peut utiliser les preuves collectées par le détective privé pour négocier un accord favorable pour le client.

Il est important de noter que l'utilisation de preuves collectées par un détective privé doit être conforme à la loi et aux règles de procédure. Il est donc recommandé de travailler avec un avocat expérimenté qui peut fournir des conseils juridiques appropriés et utiliser les preuves de manière efficace pour défendre les intérêts du client.

Dans quels cas un huissier peut collaborer avec un avocat ?

L'huissier et l'avocat peuvent collaborer dans plusieurs cas, tels que :

- La signification d'actes judiciaires : Dans le cadre d'une procédure judiciaire, l'avocat peut être chargé de rédiger les actes à signifier, comme une assignation ou un jugement. L'huissier quant à lui, sera chargé de les signifier.
- L'exécution de décisions de justice : Si l'avocat obtient une décision de justice favorable à son client, l'huissier peut être sollicité pour l'exécuter, comme pour le recouvrement de créances ou l'expulsion d'un locataire.
- Les constats d'huissier : L'avocat peut mandater un huissier pour effectuer des constats relatifs à une affaire en cours, par exemple pour constater une violation de propriété intellectuelle ou un trouble anormal de voisinage.

Il est important de noter que les huissiers et les avocats ont des rôles distincts dans une procédure judiciaire, mais peuvent collaborer pour assurer la bonne exécution des décisions de justice et la protection des intérêts de leurs clients.

Dans quels cas un huissier peut collaborer avec un détective privé ?

L'huissier et le détective privé peuvent également collaborer dans certaines situations, notamment :

- Les constats d'huissier : Le détective privé peut être mandaté par l'huissier pour effectuer des enquêtes préalables à la réalisation de constats, comme pour des constats d'adultère ou de concurrence déloyale.
- La recherche de débiteurs : Lorsqu'un huissier est chargé de recouvrer une créance impayée, il peut faire appel à un détective privé pour localiser le débiteur, en cas d'adresse inconnue.
- Les enquêtes en matière de propriété intellectuelle : L'huissier peut travailler avec un détective privé pour enquêter sur des cas de contrefaçon ou de violation de propriété intellectuelle, notamment pour identifier les auteurs des faits.

Il est important de noter que l'huissier et le détective privé ont des fonctions distinctes et ne peuvent pas agir l'un à la place de l'autre. Cependant, leur collaboration peut être utile dans certaines situations pour aider à protéger les intérêts de leurs clients.

Exemples de dossiers dans lesquels l'avocat et le détective privé travaillent efficacement :

L'avocat et le détective privé peuvent travailler ensemble sur de nombreux types de dossiers, voici quelques exemples :

- Le droit de la famille : Lors d'un divorce, l'avocat peut travailler avec un détective privé pour recueillir des preuves sur l'adultère, la garde d'enfants ou la situation financière de l'autre partie.
- Le droit du travail : Dans un litige lié au travail, l'avocat peut faire appel à un détective privé pour enquêter sur la situation de l'entreprise, recueillir des témoignages ou des preuves de harcèlement ou de discrimination.
- Le droit commercial : Dans un litige commercial, l'avocat peut faire appel à un détective privé pour enquêter sur les pratiques commerciales de la partie adverse, pour recueillir des preuves de concurrence déloyale ou de contrefaçon.
- Le droit de la propriété intellectuelle : L'avocat peut travailler avec un détective privé pour enquêter sur les cas de violation de propriété intellectuelle, pour identifier les auteurs des faits ou pour recueillir des preuves.
- Les litiges de propriété : Lors d'un litige de propriété, l'avocat peut faire appel à un détective privé pour enquêter sur les titres de propriété, les limites de propriété, la possession et les antécédents de la propriété.
- Les affaires criminelles : Dans les affaires criminelles, l'avocat peut faire appel à un détective privé pour enquêter sur le crime, recueillir des preuves et témoignages, rechercher des témoins et vérifier la crédibilité des témoins.
- Les litiges d'assurance : Lorsqu'un assuré estime qu'une compagnie d'assurance refuse à tort de régler une réclamation, l'avocat peut faire appel à un détective privé pour enquêter sur les faits et recueillir des

preuves afin de prouver que l'assuré a effectivement droit à une indemnisation.

Dans tous ces cas, le détective privé travaillera en collaboration avec l'avocat pour collecter des preuves, préparer des témoignages et soutenir le dossier de l'avocat devant les tribunaux.

Exemples de dossiers dans lesquels l'huissier et le détective privé travaillent efficacement :

Voici quelques exemples de dossiers dans lesquels l'huissier et le détective privé peuvent travailler efficacement ensemble :

- L'application de jugements : Lorsqu'un huissier est chargé d'exécuter un jugement, il peut faire appel à un détective privé pour localiser les biens à saisir, vérifier la solvabilité du débiteur et enquêter sur les revenus et les actifs de ce dernier.
- Les enquêtes sur les dettes : Lorsqu'un créancier ne parvient pas à récupérer une dette, il peut faire appel à un détective privé pour enquêter sur le débiteur, son solde bancaire, ses actifs et ses revenus. L'huissier peut alors se servir de ces informations pour procéder à une saisie.
- Les litiges fonciers : Dans les litiges fonciers, l'huissier peut faire appel à un détective privé pour enquêter sur les propriétés, les limites de propriété, la possession et les antécédents de la propriété.
- Les recouvrements de créances : Lorsqu'un huissier est chargé de recouvrer une créance, il peut faire appel à un détective privé pour enquêter sur les biens et les actifs du débiteur, pour vérifier la solvabilité de ce dernier et pour aider à déterminer la meilleure stratégie de recouvrement.

Dans tous ces cas, l'huissier et le détective privé travaillent en étroite collaboration pour obtenir des informations précises et fiables afin de faciliter la récupération des créances et des biens saisis.

L'huissier et l'avocat peuvent travailler ensemble aussi sur différents types de dossiers, tels que :

- Contentieux locatif : En cas de litige entre un locataire et un propriétaire, l'avocat peut être sollicité pour initier une procédure en justice, tandis que l'huissier peut intervenir pour délivrer un commandement de payer, procéder à une expulsion ou faire respecter les décisions de justice.
- Mesures conservatoires : Dans le cadre d'un litige commercial, l'avocat peut demander la mise en place de mesures conservatoires, telles que la saisie conservatoire, pour protéger les intérêts de son client. L'huissier peut alors intervenir pour procéder à la saisie et la mise en dépôt des biens.
- Signification d'actes : L'huissier peut être sollicité pour signifier des actes, tels que les assignations, les jugements ou les actes notariés. Dans ce cas, l'avocat peut confier la signification des actes à l'huissier pour s'assurer qu'ils sont bien réceptionnés par les destinataires.
- Exécution des décisions de justice : Une fois qu'une décision de justice a été rendue en faveur d'un client, l'avocat peut collaborer avec l'huissier pour procéder à l'exécution de la décision. L'huissier peut ainsi procéder à la saisie des biens du débiteur pour obtenir le paiement de la somme due.
- Recouvrement de créances : Dans le cadre d'un litige entre un créancier et un débiteur, l'avocat peut obtenir un jugement favorable au nom de son client, tandis que l'huissier peut utiliser ses compétences pour récupérer les sommes dues auprès du débiteur, en saisissant ses biens ou en effectuant des saisies sur salaires.
- Successions et partages : Lors d'un partage de biens entre héritiers, l'huissier peut être chargé de l'estimation des biens immobiliers, alors que l'avocat peut aider les parties à négocier un accord amiable ou à saisir le tribunal en cas de désaccord.
- Droit commercial : Lors d'un litige entre des entreprises, l'avocat peut représenter son client devant les tribunaux ou aider à la négociation d'un accord amiable, tandis que l'huissier peut intervenir pour la signification des actes de procédures ou pour la mise en place d'une mesure d'exécution forcée en cas de non-paiement.

Il est courant que les avocats fassent appel à des détectives privés pour obtenir des preuves et des informations dans des affaires de divorce, de litiges commerciaux, de conflits de travail et d'autres affaires juridiques.

Une anecdote générale concernant la collaboration entre un avocat et un détective privé pourrait être la suivante : un avocat qui représentait un client dans une affaire de divorce avait besoin de preuves pour prouver l'adultère de son client. Il a engagé un détective privé pour enquêter sur les mouvements de la conjointe de son client et a pu collecter des preuves solides pour prouver l'infidélité de la conjointe devant le tribunal. Cette collaboration a permis à l'avocat de mieux représenter son client devant le tribunal et d'obtenir un règlement favorable dans l'affaire de divorce.

Anecdotes et cas concrets :

Les exemples suivants sont des cas de collaboration entre une avocate dénommée « Maître Lalla Amina », un détective privé dénommé « Moulay Tahar » et un huissier de justice dénommé « Maître Patrick » :

Histoire N°1 :
Affaire de dissimulation de patrimoine

Un jour, l'avocate est contactée par une cliente qui affirme que son ex-époux n'a pas déclaré tous ses biens lors de leur divorce. La cliente pense que son ex-époux a dissimulé certains actifs, notamment des comptes bancaires et des investissements immobiliers. Cependant, la cliente n'a pas suffisamment de preuves pour étayer ses allégations.

Lalla Amina sait que pour poursuivre son enquête, elle a besoin d'un détective privé compétent pour recueillir des preuves. Elle contacte donc son collègue détective privé, Moulay Tahar, et lui expose la situation. Moulay Tahar accepte de travailler sur l'affaire et commence immédiatement à recueillir des informations sur l'ex-époux de la cliente.

Moulay Tahar découvre rapidement que l'ex-époux possède effectivement plusieurs comptes bancaires et investissements immobiliers non déclarés. Il utilise des techniques d'investigation avancées pour récupérer des documents pertinents et des preuves irréfutables, notamment des relevés bancaires et des actes de propriété.

Lalla Amina et Moulay Tahar travaillent en étroite collaboration pour préparer le dossier et présenter les preuves à la cour. Grâce aux preuves recueillies par Moulay Tahar, Lalla Amina peut poursuivre l'ex-époux pour fraude et obtenir une décision favorable pour sa cliente.

Cette collaboration efficace entre l'avocate et le détective privé a permis de résoudre l'affaire de manière satisfaisante pour la cliente et de renforcer la confiance envers les professionnels du droit et de l'investigation privée.

Histoire N°2 :
Affaire d'adultère

Maître Lalla Amina, avocate, était chargé de défendre Madame Martin dans une procédure de divorce conflictuelle. Son mari l'accusait d'avoir une liaison extra-conjugale et de ne pas s'occuper correctement de leurs enfants mineurs.

Pour étayer la défense de sa cliente, Maître Lalla Amina a décidé de faire appel à un détective privé. Elle a contacté le détective privé Moulay Tahar pour lui confier la mission de surveiller les déplacements de Monsieur Martin et de recueillir des preuves de son éventuelle infidélité.

Le détective privé a donc commencé à suivre Monsieur Martin et à prendre des photos et des vidéos de ses rencontres avec une autre femme. Il a également recueilli des témoignages de personnes pouvant attester de sa présence dans des lieux de rencontre fréquentés par des personnes en quête de relations extra-conjugales.

Grâce à ces éléments, Maître Lalla Amina a pu plaider avec force que c'était Monsieur Martin qui avait une liaison extra-conjugale, et non Madame Martin. Elle a également pu prouver que Monsieur Martin n'était pas un parent modèle, en démontrant qu'il passait très peu de temps avec ses enfants et qu'il les confiait souvent à des tiers.

Forts de ces arguments, Maître Lalla Amina et son équipe ont obtenu une garde exclusive pour Madame Martin et une pension alimentaire conséquente pour les enfants. La collaboration entre l'avocate et le détective privé a donc été un succès pour la défense de leur cliente.

Histoire N°3 :

Vol de propriété intellectuelle

Monsieur X, un entrepreneur, a été victime de vol de propriété intellectuelle. Il a créé une entreprise innovante qui a rapidement connu un grand succès, mais il s'est vite rendu compte que ses idées étaient régulièrement copiées par d'autres entreprises concurrentes. Il a donc décidé de faire appel à l'avocate spécialisé en propriété intellectuelle pour l'aider à protéger ses droits.

L'avocate Lalla Amina a commencé par enquêter sur les entreprises concurrentes et a découvert qu'elles avaient effectivement utilisé les idées de Monsieur X sans son autorisation. Cependant, il était difficile de prouver ces accusations sans preuves tangibles.

C'est là qu'intervient le détective privé. L'avocate a engagé Moulay Tahar, pour enquêter sur les entreprises concurrentes et découvrir des preuves concrètes de violation de propriété intellectuelle. Le détective a effectué des enquêtes de terrain, des entretiens avec des témoins et des recherches approfondies sur les activités des entreprises concurrentes.

Grâce aux résultats de l'enquête du détective privé, l'avocate a pu rassembler suffisamment de preuves pour prouver que les entreprises concurrentes avaient effectivement violé les droits de propriété intellectuelle de Monsieur X. Elle a intenté une action en justice et a obtenu un règlement favorable pour son client.

Cette collaboration entre l'avocate et le détective privé a permis à Monsieur X de protéger ses droits de propriété intellectuelle et d'obtenir une compensation pour les dommages subis en raison de la violation de ces droits.

Histoire N°4 :

Harcèlement moral

L'avocate Lalla Amina, spécialisé en droit du travail entre autres, est contactée par un employé qui se plaint de harcèlement moral de la part de son supérieur hiérarchique. L'avocate décide alors de faire appel à un détective privé, Moulay Tahar, pour enquêter sur les faits allégués par son client.

Le détective privé commence par observer le comportement du supérieur hiérarchique du client de l'avocate. Il note des faits troublants, tels que des propos déplacés envers les employés, des insultes, des humiliations publiques, etc.

Le détective privé poursuit son enquête en interrogeant discrètement les collègues de l'employé. Il recueille ainsi des témoignages concordants qui confirment le comportement inapproprié du supérieur hiérarchique. Il recueille également des documents compromettants, tels que des courriels et des notes internes, qui démontrent que le supérieur hiérarchique a bel et bien harcelé l'employé.

Le détective privé remet ensuite un rapport détaillé de son enquête à l'avocate, qui utilise ces éléments pour préparer une plainte pour harcèlement moral contre le supérieur hiérarchique. Grâce aux preuves solides recueillies par le détective privé, l'avocate réussit à obtenir une indemnisation pour son client et à faire cesser le harcèlement au travail.

Histoire N°5 :
Affaire de vol

L'avocate Lalla Amina est chargée de défendre un client accusé de vol à l'étalage dans un magasin. Le client affirme son innocence mais les preuves semblent accablantes contre lui. L'avocate décide alors de faire appel à un détective privé pour enquêter sur l'affaire.

Le détective Moulay Tahar commence son enquête en interrogeant les employés du magasin et en examinant les vidéos de surveillance. Il découvre que l'un des employés, qui avait un accès privilégié aux zones de stockage, avait dérobé des articles et les avait cachés dans le sac du client pendant qu'il était en train d'essayer des vêtements.

Le détective recueille également des témoignages de personnes ayant assisté à la scène et qui ont remarqué l'employé en question agir de manière suspecte. Avec ces éléments, l'avocate peut plaider la cause de son client avec des preuves solides et demander l'acquittement.

Grâce à la collaboration entre l'avocate et le détective privé, le client a pu être innocenté et l'employé du magasin a été mis en cause pour ses actes répréhensibles.

Histoire N°6 :

Affaire de détournement

C'est l'histoire d'une femme d'affaires qui suspecte son associé de détourner des fonds de l'entreprise. Elle décide alors de faire appel à Maître Lalla Amina pour l'aider à rassembler des preuves solides pour prouver ses soupçons et récupérer l'argent détourné.

L'avocate, après avoir analysé le dossier et les éléments fournis par la cliente, décide de faire appel à Moulay Tahar, le détective privé pour mener une enquête approfondie sur l'associé en question. Le détective privé va alors recueillir des preuves tangibles grâce à des investigations sur le terrain, l'analyse de documents et la surveillance de l'associé.

Au fil de l'enquête, le détective privé parvient à collecter suffisamment de preuves pour prouver le détournement de fonds. L'avocate se sert alors de ces éléments pour entamer une action en justice contre l'associé, qui sera condamné à rembourser les sommes détournées et à des peines de prison pour malversations financières.

Cette collaboration entre l'avocate et le détective privé a permis de rassembler des preuves solides pour défendre les intérêts de la cliente et de faire valoir ses droits en justice.

Histoire N°7 :

Enquête sur employeur

Un cas où l'avocate est contactée par un client qui soupçonne son employeur de pratiques illégales, notamment de discrimination à l'embauche et de harcèlement moral. L'avocate décide de prendre le dossier en charge et engage une procédure devant le conseil des prud'hommes pour faire valoir les droits de son client.

Cependant, il manque des preuves tangibles pour étayer les allégations du client. L'avocate Lalla Amina décide alors de faire appel à Moulay Tahar, le détective privé pour mener une enquête discrète et recueillir des éléments de preuve.

Le détective privé commence par enquêter sur les pratiques d'embauche de l'entreprise en question. Il recueille des témoignages de candidats qui ont postulé des postes similaires à celui occupé par le client, mais qui ont été rejetés.

Il découvre également que l'entreprise a un historique de pratiques discriminatoires et qu'elle a été poursuivie par le passé pour des motifs similaires.

En parallèle, le détective privé mène une enquête sur les pratiques de management au sein de l'entreprise. Il recueille des témoignages de collègues du client qui ont été témoins de comportements inappropriés de la part de son supérieur hiérarchique. Ces témoignages confirment les allégations de harcèlement moral.

Forts de ces éléments de preuve, l'avocate peut désormais renforcer sa stratégie de défense et plaider avec plus de force devant le conseil des prud'hommes. Grâce à la collaboration efficace entre l'avocate et le détective privé, le client obtient finalement gain de cause et est indemnisé pour les préjudices subis.

Histoire N°8 :
Affaire de détournement

M. Dupont, un chef d'entreprise, suspecte que l'un de ses employés, M. Martin, vole des informations confidentielles de l'entreprise pour les vendre à la concurrence. M. Dupont décide de faire appel à un détective privé pour enquêter sur les activités de M. Martin.

Le détective privé Moulay Tahar commence par surveiller M. Martin lors de ses déplacements professionnels et personnels. Il constate que M. Martin rencontre régulièrement un ancien employé de l'entreprise concurrente. Le détective privé prend des photos et enregistre des conversations pour prouver les liens entre les deux hommes.

Le détective privé remet ensuite les preuves à l'avocate de M. Dupont, Lalla Amina, qui décide d'entamer une action en justice pour vol d'informations confidentielles et concurrence déloyale. L'avocate utilise les preuves fournies par le détective privé pour étayer sa demande et obtient finalement gain de cause devant le tribunal.

Grâce à la collaboration entre l'avocate et le détective privé, M. Dupont a pu prouver les activités frauduleuses de son employé et obtenir réparation pour le préjudice subi par son entreprise.

Histoire N°9 :

Affaire de brevet

Une affaire de propriété intellectuelle mettait en jeu un inventeur indépendant qui avait mis au point une technologie innovante pour une entreprise de haute technologie. L'inventeur avait signé un contrat avec l'entreprise pour le développement de la technologie, mais il était en désaccord sur les termes de l'accord de propriété intellectuelle.

L'inventeur avait engagé une avocate pour l'aider à négocier les termes de l'accord et protéger ses droits de propriété intellectuelle. Cependant, l'avocate a rapidement réalisé que les preuves nécessaires pour soutenir l'affaire étaient limitées et qu'il avait besoin de plus d'informations pour construire une affaire solide.

L'avocate Lalla Amina a alors décidé de faire appel à Moulay Tahar, le détective privé pour enquêter sur l'entreprise et découvrir des preuves supplémentaires pour soutenir la plainte de l'inventeur. Le détective privé a mené une enquête approfondie sur l'entreprise, recueillant des informations sur les contrats, les accords de propriété intellectuelle, les brevets et les licences.

Grâce à l'enquête du détective privé, l'avocate a pu rassembler des preuves solides pour soutenir la plainte de l'inventeur. Les preuves ont été utilisées lors des négociations avec l'entreprise et ont finalement abouti à un règlement satisfaisant pour l'inventeur.

Dans ce cas, la collaboration entre l'avocate et le détective privé a permis de recueillir des preuves essentielles pour l'affaire et d'obtenir un règlement satisfaisant pour le client.

Histoire N°10 :

Affaire de débiteurs

Voici un exemple d'affaire dans le secteur de l'immobilier où la collaboration entre l'avocate et le détective privé a pu être efficace :

Monsieur X est propriétaire d'un immeuble de bureaux qu'il loue à plusieurs entreprises. Il remarque que certains de ses locataires ne paient plus leur loyer depuis plusieurs mois et n'ont donné aucune explication. Il tente de les contacter, mais n'obtient aucune réponse.

Inquiet pour sa situation financière, Monsieur X décide de faire appel à l'avocate spécialisé en droit immobilier pour l'aider à récupérer les loyers impayés et à résilier les contrats de location. L'avocate examine les contrats de location et constate qu'ils prévoient une clause de garantie solidaire, ce qui signifie que les locataires sont solidairement responsables du paiement des loyers.

L'avocate Lalla Amina demande alors à Moulay Tahar, le détective privé de mener une enquête pour retrouver les locataires défaillants et recueillir des preuves de leur solvabilité ou de leur insolvabilité. Le détective privé utilise diverses méthodes pour localiser les locataires, comme la recherche de traces sur les réseaux sociaux, la surveillance de leurs déplacements et la vérification de leurs activités professionnelles.

Grâce aux informations recueillies par le détective privé, l'avocate peut entamer une procédure judiciaire pour recouvrer les loyers impayés et obtenir une condamnation solidaire des locataires. Les preuves de solvabilité ou d'insolvabilité fournies par le détective privé sont également utiles pour déterminer la meilleure stratégie pour récupérer les sommes dues.

En fin de compte, la collaboration entre l'avocate et le détective privé a permis à Monsieur X de récupérer les loyers impayés et de résilier les contrats de location des locataires défaillants.

Histoire N°11 :

Activité non déclarée

Voici une histoire de cas de collaboration entre un détective privé, une avocate et un huissier de justice :

Un propriétaire d'un immeuble de rapport soupçonne son locataire d'utiliser illégalement une partie de son appartement pour y exercer une activité commerciale. Le propriétaire a essayé en vain de vérifier ses soupçons, mais il n'a pas pu accéder à l'appartement sans l'autorisation du locataire. Il décide donc de contacter un détective privé pour enquêter sur cette affaire.

Le détective privé effectue des surveillances discrètes et constate effectivement que le locataire reçoit régulièrement des clients dans son appartement et effectue des transactions commerciales. Il recueille également des preuves tangibles de l'exercice de cette activité commerciale.

Le propriétaire, avec l'aide de son avocate, décide alors d'entamer une procédure d'expulsion à l'encontre de son locataire. L'avocate informe le juge de l'existence de cette activité commerciale illégale et fournit les preuves recueillies par le détective privé. Le juge ordonne alors une expertise judiciaire pour confirmer l'existence de l'activité commerciale illégale.

C'est à ce moment que l'huissier de justice « Maître Patrick » entre en jeu. Il est chargé de procéder à l'expertise judiciaire pour confirmer l'existence de l'activité commerciale illégale. Il se rend donc sur place et constate effectivement la présence de matériel et d'équipements commerciaux dans l'appartement.

L'huissier de justice dresse un procès-verbal et transmet ses conclusions au juge. Ce dernier ordonne alors l'expulsion immédiate du locataire et l'indemnisation du propriétaire pour les préjudices subis.

Dans cette affaire, la collaboration entre le détective privé, l'avocate et l'huissier de justice a permis de recueillir des preuves tangibles de l'exercice d'une activité commerciale illégale et de mener à bien la procédure d'expulsion du locataire en toute légalité.

Histoire N°12 :
Enquête financière

Le cabinet d'huissiers de justice de Maître Patrick a été mandaté pour effectuer une saisie conservatoire sur les comptes bancaires d'une entreprise en difficulté financière. Cependant, l'entreprise avait transféré une partie de ses fonds sur un compte à l'étranger pour les soustraire à la saisie.

Le cabinet d'huissiers a alors fait appel à un détective privé pour retrouver la trace des fonds transférés. Le détective privé a effectué une enquête approfondie pour localiser le compte bancaire à l'étranger, obtenir des preuves de l'existence de ce compte et déterminer le montant des fonds transférés.

Grâce aux informations fournies par le détective privé, l'huissier de justice a pu obtenir un jugement favorable permettant de récupérer les fonds transférés à l'étranger et d'effectuer la saisie conservatoire sur ces comptes.

Cette collaboration entre le détective privé et l'huissier de justice a permis de résoudre un cas complexe et de récupérer des fonds importants pour le créancier de l'entreprise en difficulté financière.

Histoire N°13 :

L'affaire du faux témoignage

Monsieur Dupont est accusé d'avoir commis un vol à main armée dans une bijouterie. Il clame son innocence et affirme avoir un alibi : il était chez lui avec sa femme au moment des faits. Son avocate, Maître Lalla Amina, décide de faire appel à un détective privé pour vérifier la véracité de cet alibi.

Le détective privé, Monsieur Durand, se rend au domicile de Monsieur et Madame Dupont. Il se fait passer pour un agent recenseur et leur pose des questions sur leur situation familiale, professionnelle et leurs habitudes. Il remarque que Madame Dupont est nerveuse et hésite à répondre. Il en déduit qu'elle cache quelque chose.

Il décide alors de la suivre discrètement lorsqu'elle sort faire des courses. Il découvre qu'elle se rend dans un hôtel où elle retrouve un homme qui n'est pas son mari. Il prend des photos compromettantes et les transmet à l'avocate.

L'avocate contacte alors un huissier de justice, Maître Patrick, pour lui demander de dresser un constat sur la base des photos du détective privé. L'huissier de justice se rend à l'hôtel et constate que Madame Dupont est bien en compagnie d'un amant. Il rédige un procès-verbal qui fait foi devant le tribunal.

Grâce à cette collaboration entre l'avocate, le détective privé et l'huissier de justice, il est prouvé que Madame Dupont a menti sur l'alibi de son mari et qu'elle a peut-être cherché à le couvrir pour une raison obscure. Monsieur Dupont est alors libéré sous caution en attendant la suite de l'enquête.

Histoire N°14 :

L'affaire de la contrefaçon

Madame Durand est la créatrice d'une marque de vêtements originaux et tendances. Elle découvre qu'un site internet vend des copies de ses modèles à des prix dérisoires. Elle décide de porter plainte pour contrefaçon et fait appel à l'avocate, Maître Lalla Amina, pour la défendre.

L'avocate contacte le détective privé, Moulay Tahar, pour identifier le responsable du site internet et recueillir des preuves de la contrefaçon. Le détective privé effectue des recherches sur le nom de domaine du site, les coordonnées bancaires du vendeur et les avis des clients. Il parvient à remonter jusqu'à une société basée en Chine qui fabrique et expédie les produits contrefaits.

Il commande lui-même plusieurs articles sur le site et les compare avec les originaux de Madame Durand. Il constate que les copies sont de mauvaise qualité, qu'elles ne respectent pas les normes sanitaires et qu'elles portent atteinte aux droits d'auteur de Madame Durand. Il prend des photos des produits reçus et les transmet à l'avocate.

Maître Lalla Amina fait alors appel à l'huissier de justice, Madame Patrick, pour dresser un constat sur la base des photos du détective privé. L'huissier de justice se rend au domicile du détective privé et constate que les produits commandés sur le site sont bien des contrefaçons. Il rédige un procès-verbal qui fait foi devant le tribunal.

Grâce à cette collaboration entre l'avocate, le détective privé et l'huissier de justice, il est prouvé que le site internet vend des produits contrefaits qui portent préjudice à Madame Durand. Le tribunal ordonne alors la fermeture du site internet et la saisie des produits contrefaits.

Histoire N°15 :

L'affaire de la pension alimentaire

Madame Martin est divorcée de Monsieur Martin depuis deux ans. Elle a la garde de leur fils de 10 ans, Lucas. Monsieur Martin doit lui verser une pension alimentaire de 300 euros par mois. Or, depuis plusieurs mois, il ne paie plus rien et prétend être au chômage et sans ressources.

Madame Martin fait appel à l'avocate, Maître Lalla Amina, pour faire respecter ses droits et ceux de son fils. L'avocate contacte le détective privé, Moulay Tahar, pour enquêter sur la situation financière réelle de Monsieur Martin.

Le détective privé suit discrètement Monsieur Martin pendant plusieurs jours. Il découvre qu'il travaille au noir comme chauffeur-livreur pour une société qui lui verse des espèces. Il prend des photos de lui en train de conduire le camion et de recevoir l'argent. Il les transmet à Maître Lalla Amina.

L'avocate fait alors appel à l'huissier de justice, Maître Patrick, pour dresser un constat sur la base des photos du détective privé. L'huissier de justice se rend au domicile de Monsieur Martin et constate qu'il possède un camion aux couleurs de la société qui l'emploie. Il rédige un procès-verbal qui fait foi devant le tribunal.

Grâce à cette collaboration entre l'avocate, le détective privé et l'huissier de justice, il est prouvé que Monsieur Martin travaille au noir et qu'il dispose de ressources suffisantes pour payer la pension alimentaire. Le tribunal ordonne alors la saisie sur salaire des arriérés dus par Monsieur Martin.

Histoire N°16 :

L'affaire de l'adultère

Madame Durand soupçonne son mari, Monsieur Durand, de la tromper avec une autre femme. Elle décide de faire appel à l'avocate, Maître Lalla Amina, pour demander le divorce et obtenir une prestation compensatoire.

L'avocate lui conseille de recourir à un détective privé, Moulay Tahar, pour apporter des preuves irréfutables de l'infidélité de son mari. Moulay Tahar accepte la mission et se met à surveiller les faits et gestes de Monsieur Durand.

Au bout de quelques jours, il parvient à le photographier en compagnie d'une jeune femme blonde dans un hôtel. Il transmet les clichés à l'avocate qui les utilise comme pièces à conviction dans la procédure de divorce.

Maître Lalla Amina fait également appel à l'huissier de justice, Maître Patrick, pour signifier l'assignation en divorce à Monsieur Durand et lui remettre les photos compromettantes. L'huissier de justice se rend au domicile conjugal et remet les documents en main propre à Monsieur Durand qui est stupéfait.

Grâce à cette collaboration entre l'avocate, le détective privé et l'huissier de justice, Madame Durand obtient le divorce aux torts exclusifs de son mari et une prestation compensatoire conséquente.

Histoire N°17 :
Enquête sur salarié

Monsieur Dupont est un entrepreneur qui a récemment embauché un nouveau directeur financier, Monsieur Martin. Monsieur Dupont a commencé à remarquer des anomalies dans les finances de l'entreprise et il suspecte que Monsieur Martin est responsable de détournement de fonds. Cependant, il n'a pas de preuves concrètes pour étayer ses soupçons.

Monsieur Dupont décide alors de contacter son avocate, Maître Lalla Amina, pour l'aider à prendre les mesures nécessaires pour résoudre le problème. Maître Lalla Amina recommande d'engager un détective privé pour enquêter discrètement sur Monsieur Martin et de faire appel à un huissier de justice pour saisir les preuves une fois qu'elles sont trouvées.

Le détective privé commence son enquête et découvre que Monsieur Martin a créé une fausse entreprise et a transféré de l'argent de l'entreprise de Monsieur Dupont vers cette entreprise fictive. Le détective privé transmet les preuves à l'avocate qui les présente à un juge pour obtenir un mandat de perquisition.

L'huissier de justice est alors chargé de saisir les preuves, y compris les documents et les ordinateurs de Monsieur Martin, qui confirment son implication dans les détournements de fonds.

Grâce à la collaboration de l'avocate, du détective privé et de l'huissier de justice, Monsieur Dupont a pu récupérer les fonds détournés et prendre les mesures nécessaires pour empêcher de tels incidents à l'avenir.

Histoire N°18 :
Enquête sur vols

Le cabinet d'avocats de Maître Lalla Amina reçoit une demande de l'un de ses clients, une entreprise de construction, qui est en train de subir une série de vols sur ses chantiers. Les voleurs ont réussi à dérober des outils, des matériaux de construction, ainsi que du matériel informatique contenant des données confidentielles.

L'avocate décide de faire appel au détective privé pour identifier les coupables et récupérer les biens volés. Le détective mène une enquête approfondie et découvre que les vols sont le fait d'un groupe organisé qui opère dans la région. Il identifie également certains suspects potentiels et fournit des preuves tangibles à l'avocat.

L'avocate prend alors contact avec l'huissier de justice pour obtenir un mandat de perquisition. L'huissier de justice se rend sur les lieux et découvre des outils et des matériaux de construction volés, ainsi que du matériel informatique appartenant à l'entreprise. L'huissier de justice procède à la saisie des biens volés et des preuves tangibles recueillies par le détective privé.

L'avocate utilise ces preuves pour engager des poursuites judiciaires contre les auteurs des vols et obtenir des indemnités pour le préjudice subi par son client. Les suspects sont finalement arrêtés, jugés et condamnés pour leurs actes criminels.

Cette collaboration entre l'avocate, le détective privé et l'huissier de justice a permis de résoudre un cas complexe de vol et de protéger les intérêts de l'entreprise de construction.

Histoire N°19 :
Enquête sur employé

Un client, propriétaire d'une petite entreprise de construction, a engagé une avocate pour régler un litige avec un ancien employé qui affirmait avoir été licencié sans cause réelle et sérieuse. L'employé réclamait une indemnité de licenciement ainsi que des dommages et intérêts pour préjudice moral.

L'avocate a commencé par demander à son client de rassembler tous les documents pertinents, y compris les fiches de paie, les contrats de travail, les courriels et les notes de service relatifs à l'employé en question. Cependant, il manquait des preuves tangibles pour étayer la version de l'employeur sur les raisons du licenciement.

L'avocate a donc décidé de faire appel à un détective privé pour enquêter sur l'ancien employé et déterminer si les raisons invoquées pour le licenciement étaient bien fondées. Le détective a effectué des enquêtes de terrain et a recueilli des informations auprès de sources telles que les collègues de travail, les voisins et les amis de l'employé, ainsi que les clients de l'entreprise de construction.

Grâce aux informations recueillies par le détective, l'avocate a pu prouver que l'employé avait enfreint à plusieurs reprises les règles de sécurité sur les chantiers de l'entreprise, mettant en danger sa vie et celles des autres travailleurs. De plus, il avait été pris en flagrant délit de vol de matériel sur le chantier.

L'avocate a ensuite engagé un huissier de justice pour signifier à l'employé les motifs précis de son licenciement. L'huissier a également dressé un constat d'huissier sur les éléments volés par l'employé.

Grâce à cette collaboration, le client a pu éviter de payer une indemnité de licenciement et des dommages et intérêts injustifiés.

Histoire N°20 :

Enquête sur personne

Mme Dupont, une riche veuve, a récemment hérité d'une grande fortune de son mari décédé. Cependant, elle a remarqué que son fils unique, Pierre, a commencé à dépenser de grosses sommes d'argent sans aucune justification. Elle a commencé à soupçonner que son fils pourrait être impliqué dans des activités criminelles.

Mme Dupont a décidé de prendre des mesures pour protéger sa fortune et a engagé une avocate, Maître Lalla Amina, pour l'aider à régler cette affaire délicate. L'avocate a décidé de faire appel à un détective privé, Moulay Tahar, pour enquêter sur les activités de Pierre.

Moulay Tahar a commencé à enquêter discrètement sur les activités de Pierre et a découvert que celui-ci était impliqué dans une affaire de blanchiment d'argent. Il a également découvert que Pierre avait acheté plusieurs propriétés immobilières dans le but de les utiliser pour blanchir de l'argent.

Maître Lalla Amina a ensuite demandé à un huissier de justice, Maître Patrick, d'intervenir pour saisir les propriétés de Pierre. Maître Patrick a agi rapidement et a saisi les propriétés avant que Pierre ne puisse les vendre ou les utiliser pour blanchir de l'argent.

Pierre a été arrêté et condamné à une peine de prison pour blanchiment d'argent. Mme Dupont a pu récupérer son argent et ses biens grâce à la collaboration efficace entre l'avocate, le détective privé et l'huissier de justice.

Histoire N°21 :

Affaire de contrefaçon

Maître Lalla Amina, une avocate spécialisée dans la propriété intellectuelle, est contactée par une entreprise qui soupçonne un concurrent de contrefaçon de l'un de ses produits phares. Après une première analyse des éléments fournis par l'entreprise, l'avocate décide de faire appel à un détective privé pour obtenir des preuves supplémentaires.

Le détective privé, Moulay Tahar, commence par faire des recherches approfondies sur l'entreprise concurrente, en examinant les registres du commerce et les brevets déposés. Il procède également à des enquêtes de terrain en se rendant sur les lieux de production et de vente des produits suspects. Il utilise également des techniques de surveillance et de filature pour tenter de découvrir les réseaux de distribution des produits contrefaits.

Suite aux investigations menées par Moulay Tahar, Maître Lalla Amina est en mesure de rassembler suffisamment de preuves pour intenter une action en contrefaçon. Il décide alors de faire appel à un huissier de justice, Maître Patrick, pour procéder à une saisie contrefaçon chez le concurrent incriminé.

L'huissier se rend sur les lieux avec une équipe de police et effectue une saisie de tous les produits suspects. Il établit ensuite un procès-verbal de saisie, qui sera utilisé comme preuve lors du procès. L'entreprise concurrente conteste les accusations de contrefaçon, mais les preuves rassemblées par l'avocate et le détective privé sont suffisantes pour prouver sa culpabilité.

Au final, grâce à la collaboration entre l'avocate, le détective privé et l'huissier de justice, l'entreprise cliente de Maître Dupont a pu faire valoir ses droits en matière de propriété intellectuelle et obtenir une indemnisation pour les pertes subies.

Histoire N°22 :
Affaire de recherche de débiteur

Un huissier de justice a été mandaté pour recouvrer une importante dette auprès d'un débiteur insaisissable. Malgré les différentes tentatives d'exécution forcée, le débiteur restait introuvable et le créancier avait épuisé toutes les options à sa disposition.

L'huissier de justice a alors décidé de faire appel à un détective privé pour localiser le débiteur. Le détective a procédé à une enquête approfondie, en examinant tous les documents relatifs à la dette, les comptes bancaires, les transactions, les propriétés immobilières et les antécédents du débiteur. Grâce à des techniques de recherche avancées, le détective a finalement réussi à localiser le débiteur dans un autre pays.

L'huissier de justice a alors engagé un huissier de justice local pour poursuivre l'exécution forcée de la dette. Grâce à la collaboration entre les deux huissiers, la dette a finalement été recouvrée avec succès.

Cette affaire montre comment la collaboration entre un détective privé et un huissier de justice peut être bénéfique pour résoudre des cas complexes de recouvrement de créances. Le détective privé apporte ses compétences en enquête et en localisation, tandis que l'huissier de justice est chargé de l'exécution forcée de la dette. En travaillant ensemble, ils peuvent maximiser les chances de succès dans des affaires apparemment insolubles.

Histoire N°23 :
Affaire de patrimoine

Un cabinet d'avocats spécialisé dans le droit de la famille était en charge d'un dossier de divorce conflictuel. Le client, un homme, suspectait que son épouse cachait une partie de ses revenus et de son patrimoine. Les relevés bancaires fournis ne semblaient pas cohérents avec le train de vie qu'elle menait.

L'avocate a décidé de faire appel à un détective privé pour mener une enquête approfondie sur les finances de l'épouse. Le détective a commencé par effectuer des surveillances discrètes pour établir ses habitudes de dépenses et de déplacements.

En parallèle, l'avocate a demandé à un huissier de justice de procéder à une saisie conservatoire sur les comptes bancaires de l'épouse pour préserver les actifs financiers du couple pendant la procédure de divorce.

Grâce aux informations collectées par le détective privé, il est apparu que l'épouse avait ouvert un compte bancaire à l'étranger sur lequel elle recevait des sommes importantes de la part de sa famille. Les mouvements de fonds ont été tracés jusqu'à des investissements immobiliers réalisés à l'étranger.

L'avocate a pu alors demander à l'huissier de justice de procéder à une saisie des biens immobiliers en question. L'épouse a été contrainte de fournir des explications et de négocier un accord financier avec son mari lors de la procédure de divorce.

Dans cette affaire, la collaboration entre l'avocate, le détective privé et l'huissier de justice a permis de découvrir des biens et des actifs cachés, ce qui a permis de pouvoir régler cette affaire en faveur du client.

Histoire N°24 :
Débiteur

Monsieur X, un entrepreneur, se plaint de retards de paiement de la part d'un de ses clients, Monsieur Y. Malgré plusieurs relances et mises en demeure, ce dernier ne règle pas les factures dues à Monsieur X, qui a besoin de cet argent pour faire fonctionner son entreprise. Face à cette situation, Monsieur X décide de faire appel à une avocate pour engager des procédures de recouvrement.

L'avocate de Monsieur X, après avoir étudié le dossier, décide de demander l'intervention d'un détective privé pour retrouver les biens de Monsieur Y, afin d'éventuellement saisir ces biens pour régler les dettes envers Monsieur X. Le détective privé, après une enquête approfondie, réussit à localiser plusieurs biens immobiliers appartenant à Monsieur Y.

Cependant, la saisie de ces biens nécessite l'intervention d'un huissier de justice. L'avocate de Monsieur X demande alors à l'huissier de justice d'intervenir pour procéder à la saisie des biens immobiliers identifiés par le détective privé. Après une procédure légale et l'intervention de l'huissier de justice, les biens sont saisis et vendus aux enchères pour rembourser les dettes de Monsieur Y envers Monsieur X.

Cette collaboration entre l'avocate, le détective privé et l'huissier de justice a permis à Monsieur X de récupérer les sommes qui lui étaient dues, grâce à une stratégie efficace de recouvrement de dettes.

Histoire N°25 :

Concurrence déloyale

M. Dupont, gérant d'un restaurant renommé, constate une baisse importante de sa clientèle depuis l'ouverture d'un nouveau restaurant concurrent situé à quelques rues de là. Il décide alors de contacter une avocate spécialisée en droit de la concurrence pour lui demander de l'aide.

L'avocate demande alors à un détective privé de mener une enquête pour trouver des preuves de concurrence déloyale de la part du nouveau restaurant. Le détective privé commence alors son enquête en recueillant des informations sur le nouveau restaurant, ses propriétaires, ses fournisseurs, etc.

Il découvre que le nouveau restaurant a en fait copié l'intégralité du menu du restaurant de M. Dupont, jusqu'aux noms des plats. De plus, il a engagé d'anciens employés de M. Dupont, qui ont emporté avec eux des recettes et des secrets de fabrication. Le détective privé rassemble alors toutes ces preuves et les remet à l'avocate.

L'avocate engage alors un huissier de justice pour constater les faits de contrefaçon et de concurrence déloyale. L'huissier se rend alors au restaurant concurrent pour y constater les infractions. Il relève les noms des plats copiés et prend des photos de la carte, des recettes, etc.

L'avocate se sert de ces preuves pour intenter une action en justice contre le nouveau restaurant pour contrefaçon et concurrence déloyale. Grâce aux preuves recueillies par le détective privé et constatées par l'huissier, M. Dupont remporte son procès et obtient une indemnisation pour le préjudice subi.

Cette collaboration entre l'avocate, le détective privé et l'huissier de justice a permis de réunir des preuves solides pour intenter une action en justice et obtenir gain de cause.

Histoire N°26 :
Débiteur

Une entreprise de construction a engagé un avocat pour récupérer les sommes dues par un client qui n'a pas honoré ses paiements pour les travaux effectués. L'avocate a obtenu un jugement en faveur de l'entreprise, mais le client insolvable n'a toujours pas payé.

L'entreprise a alors décidé de faire appel à un détective privé pour enquêter sur les actifs du client et trouver des moyens de recouvrer la dette. Le détective a mené des recherches approfondies sur les finances et les antécédents du client et a découvert qu'il avait récemment acheté un bien immobilier de grande valeur à l'étranger.

L'entreprise a alors engagé un huissier de justice pour procéder à une saisie sur le bien immobilier du client à l'étranger. L'huissier a travaillé avec les autorités locales pour obtenir une ordonnance de saisie et a finalement réussi à récupérer la dette due à l'entreprise.

Dans ce cas, la collaboration entre l'avocate, le détective privé et l'huissier de justice a permis de trouver une solution pour récupérer les sommes dues à l'entreprise de construction. Chaque professionnel a apporté son expertise pour résoudre le problème de manière efficace.

Histoire N°27 :
Débiteur

Un cabinet d'avocats spécialisé en droit des affaires est mandaté par une entreprise de vente en ligne pour récupérer une somme importante auprès d'un client défaillant. Malgré plusieurs mises en demeure, ce dernier n'a pas donné suite aux demandes de paiement.

L'avocate décide alors de faire appel à un détective privé pour enquêter sur le client en question et trouver des informations qui pourraient faciliter la récupération de la somme due. Le détective privé commence son enquête en recoupant toutes les informations disponibles sur le client, notamment ses adresses, ses lieux de travail et ses relations professionnelles.

Grâce à ses investigations, le détective privé découvre que le client a créé une nouvelle entreprise et qu'il y exerce une activité lucrative. Il informe alors l'avocate, qui décide de faire appel à un huissier de justice pour obtenir une ordonnance d'injonction de payer.

L'huissier de justice se rend sur les lieux pour signifier l'ordonnance au client. Ce dernier, surpris par l'arrivée de l'huissier, ne peut plus nier sa dette et accepte de régler la somme due, évitant ainsi une procédure judiciaire longue et coûteuse.

Dans cette affaire, la collaboration entre l'avocate, le détective privé et l'huissier de justice a permis de récupérer une somme importante pour l'entreprise, en évitant une procédure judiciaire longue et coûteuse. Chaque professionnel a apporté sa compétence spécifique pour résoudre le problème, dans un souci d'efficacité et d'optimisation des ressources.

Histoire N°28 :
Fraude à l'assurance

Analyse de la demande : Un client a sollicité les services d'un détective privé car il suspectait que son employé avait fraudé l'assurance en se faisant passer pour malade. L'employé avait fourni un certificat médical attestant d'une incapacité de travail alors qu'il effectuait un travail pour une autre entreprise.

Préparation de la mission : Le détective privé a commencé par collecter toutes les informations nécessaires à la mission : le nom de l'employé, ses coordonnées, les dates de sa prétendue incapacité de travail, le nom de l'entreprise où il travaillait et l'adresse de l'entreprise où il était supposé effectuer des travaux.

Surveillance : Le détective privé a commencé par surveiller l'employé, notamment en suivant ses déplacements pour vérifier s'il se rendait bien à son lieu de travail. Il a également pris des photos et des vidéos pour attester de sa présence sur les lieux de travail.

Enquête : Le détective privé a poursuivi l'enquête en se rendant sur les lieux de travail pour vérifier l'existence de l'entreprise où l'employé prétendait travailler. Il a également contacté les employeurs pour vérifier l'emploi de l'employé et obtenir des informations sur son contrat de travail.

Rapport : Une fois l'enquête terminée, le détective privé a rédigé un rapport complet, précisant toutes les preuves obtenues. Il a remis ce rapport au client qui a pu alors saisir la justice pour engager des poursuites contre son employé pour fraude à l'assurance.

En résumé, le détective privé a utilisé différentes techniques pour obtenir des preuves de la fraude de l'employé : surveillance, enquête, collecte d'informations auprès des employeurs. Le rapport final a permis au client de disposer des preuves nécessaires pour engager une action en justice contre l'employé fraudeur.

Histoire N°29 :
Débiteur

Une avocate avait été engagé par un client pour récupérer une créance auprès d'une entreprise. Malgré plusieurs relances, l'entreprise refusait de payer la dette. L'avocate a alors décidé de faire appel à un détective privé pour enquêter sur les finances de l'entreprise et découvrir s'il y avait des fonds disponibles pour payer la dette.

Le détective privé a effectué des recherches approfondies et a découvert que l'entreprise avait récemment vendu une propriété à un tiers pour une somme importante. L'avocate a utilisé ces informations pour obtenir une ordonnance de saisie conservatoire sur le produit de la vente, avant même que l'argent ne soit versé à l'entreprise.

Grâce à cette action, l'avocate a pu récupérer la dette de son client. La collaboration entre l'avocate et le détective privé a été efficace car elle a permis de découvrir une source de fonds que l'avocate n'aurait pas pu trouver seul.

Dans ce cas, l'huissier de justice n'a pas été impliqué car l'ordonnance de saisie conservatoire a été obtenue avant même que l'entreprise ne soit poursuivie en justice. Cependant, si l'entreprise avait refusé de payer malgré la saisie conservatoire, l'avocate aurait pu faire appel à un huissier pour procéder à une saisie sur les biens de l'entreprise afin de récupérer la dette.

Histoire N°30 :
Escroquerie

Une situation où une entreprise est victime d'une escroquerie. Un de ses employés aurait détourné une importante somme d'argent et aurait créé une fausse entreprise pour justifier ses dépenses. L'entreprise engage un avocat pour entamer une procédure judiciaire contre cet employé malhonnête et récupérer les fonds perdus.

L'avocate décide de faire appel à un détective privé pour rassembler des preuves supplémentaires et renforcer le dossier de l'entreprise. Le détective privé commence alors son enquête en recueillant toutes les informations disponibles sur l'employé suspecté de détournement de fonds, en étudiant les documents de l'entreprise, en interrogeant les collègues et les contacts professionnels de l'employé.

Le détective privé découvre que l'employé a créé une entreprise fictive pour justifier les dépenses injustifiées et qu'il avait transféré les fonds de l'entreprise vers son propre compte bancaire. Le détective privé a pu rassembler des preuves tangibles, y compris des documents bancaires, des courriels et des enregistrements de conversations, qui prouvent l'escroquerie.

L'avocat utilise ensuite ces preuves pour engager une action en justice contre l'employé et récupérer les fonds détournés au nom de l'entreprise. L'huissier de justice est également impliqué dans l'affaire pour récupérer les fonds auprès de l'employé malhonnête et saisir ses biens si nécessaire.

La collaboration entre l'avocate et le détective privé a permis de renforcer les preuves et d'obtenir une issue favorable à l'entreprise. L'huissier de justice a également joué un rôle important dans la récupération des fonds. Cette affaire montre comment la collaboration entre les différents professionnels du droit peut aider à résoudre les affaires complexes.

Histoire N°31 :
Débiteur

M. Dupont, un client particulier, a fait appel à une avocate pour l'aider à récupérer une somme d'argent importante qu'il avait investie dans une entreprise qui s'est révélée être une escroquerie. Après avoir mené des recherches préliminaires, l'avocate a compris que la situation était complexe et qu'il aurait besoin d'une aide supplémentaire pour rassembler des preuves solides pour sa plainte en justice. Elle a donc décidé de faire appel à un détective privé.

Le détective privé a commencé son enquête en cherchant à retracer l'argent investi par M. Dupont. Il a vérifié les comptes bancaires de l'entreprise et a découvert que les fonds avaient été transférés à l'étranger dans plusieurs comptes offshore. Il a ensuite cherché à trouver des témoins qui pourraient attester de la fraude. Après plusieurs semaines d'enquête, le détective a rassemblé suffisamment de preuves pour étayer la plainte de l'avocate.

L'avocate a ensuite utilisé les preuves collectées pour poursuivre l'entreprise en justice et a également porté plainte contre les individus impliqués dans l'escroquerie. Cependant, la situation s'est avérée encore plus complexe que prévu car les fraudeurs étaient basés à l'étranger. L'avocate a donc décidé de faire appel à un huissier de justice pour l'aider à exécuter les ordonnances de justice.

L'huissier de justice a travaillé en collaboration avec les autorités étrangères pour obtenir l'arrestation des fraudeurs et le gel de leurs comptes bancaires. Grâce à cette collaboration efficace entre l'avocate, le détective privé et l'huissier de justice, M. Dupont a finalement pu récupérer une partie de son argent investi.

Histoire N°32 :
Affaire de sextorsion

L'histoire de Marc, un homme d'affaires prospère qui est tombé dans une affaire de sextorsion. Il a reçu des messages menaçants de la part d'une personne inconnue qui avait des photos et des vidéos compromettantes de lui. La personne a exigé une somme d'argent importante en échange de ne pas publier les photos sur Internet. Marc a tout d'abord refusé de payer, mais il a rapidement compris qu'il devait agir avant que la situation ne devienne incontrôlable.

Marc a contacté une avocate spécialisée dans les affaires de sextorsion et a expliqué la situation. L'avocate a immédiatement suggéré de faire appel à un détective privé pour enquêter sur l'identité de la personne qui le menaçait. L'avocate a également informé Marc qu'il devait aviser les autorités de la situation pour protéger ses intérêts légaux.

Le détective privé a commencé son enquête en examinant les messages menaçants, les photos et les vidéos. Il a identifié des indices qui ont permis de localiser le lieu où les photos ont été prises. Il a également étudié les messages pour identifier des éléments de langage et de style qui pourraient aider à déterminer l'identité de la personne qui les a envoyés.

Le détective a utilisé ses compétences pour retracer l'adresse IP de l'expéditeur des messages, ce qui a permis de localiser l'emplacement physique de l'ordinateur qui a été utilisé pour envoyer les messages. Il a également suivi l'argent en utilisant des techniques d'investigation financière pour identifier la source des demandes de paiement.

En collaboration avec l'avocate de Marc, le détective privé a recueilli suffisamment de preuves pour identifier l'auteur de la sextorsion et l'arrêter. L'avocate a aidé Marc à poursuivre l'auteur en justice et à obtenir une indemnisation pour le préjudice subi.

Grâce à la collaboration entre l'avocate et le détective privé, Marc a pu récupérer son argent et éviter que les photos compromettantes soient publiées.

Histoire N°33 :
Vol d'informations

Une entreprise soupçonne l'un de ses anciens employés d'avoir volé des informations confidentielles avant de partir pour travailler chez un concurrent. L'avocate de l'entreprise engage un détective privé pour enquêter et collecter des preuves. Le détective travaille en étroite collaboration avec l'avocate pour préparer un dossier solide. Lorsqu'ils ont suffisamment de preuves, ils contactent un huissier de justice pour saisir les documents volés chez le concurrent. Grâce à leur collaboration efficace, l'entreprise récupère les informations volées et l'employé est poursuivi en justice pour violation de confidentialité.

Histoire N°34 :
Affaire de divorce

Un couple est en instance de divorce et se dispute la garde de leur enfant. Leur avocate engage un détective privé pour enquêter sur le mode de vie de l'autre parent et voir s'il peut fournir des preuves d'un comportement inapproprié. Le détective travaille en collaboration étroite avec l'avocate pour recueillir des preuves solides qui seront utiles devant le juge. Lorsque les preuves sont suffisantes, l'avocate demande à un huissier de justice de signifier une ordonnance de restriction de visite à l'autre parent. Grâce à leur collaboration efficace, l'enfant est protégé et les intérêts du client de l'avocate sont défendus.

Histoire N°35 :
Débiteur

Un homme d'affaires a vendu une entreprise à un acheteur, mais le paiement ne s'est pas fait dans les délais prévus. L'avocate de l'homme d'affaires engage un détective privé pour enquêter sur l'acheteur et récupérer le paiement. Le détective privé travaille en étroite collaboration avec l'avocate pour recueillir des preuves solides, tandis que l'avocate prépare une action en justice. Une fois que suffisamment de preuves ont été recueillies, l'avocate demande à un huissier de justice de signifier un commandement de payer à l'acheteur. Grâce à leur collaboration efficace, l'homme d'affaires récupère son argent sans avoir besoin de poursuivre l'affaire en justice.

Histoire N°36 :
Vol de propriété intellectuelle

Une avocate représente une entreprise qui suspecte qu'un de ses anciens employés a volé des secrets commerciaux et les a utilisés pour créer sa propre entreprise. Le détective privé est embauché pour rassembler des preuves, tandis que l'huissier de justice est chargé de récupérer les documents volés auprès de l'ancien employé.

Histoire N°37 :
Affaire de harcèlement

Une avocate représente une personne qui est victime de harcèlement de la part d'un ancien partenaire commercial. Le détective privé est engagé pour enquêter sur l'harceleur et trouver des preuves de ses agissements, tandis que l'huissier de justice est chargé de servir les documents juridiques et de faire appliquer les ordonnances de protection.

Histoire N°38 :
Affaire de divorce

Une avocate représente un client qui souhaite divorcer de son conjoint, mais qui craint que celui-ci dissimule des biens pour éviter de les partager. Le détective privé est embauché pour enquêter sur les actifs du conjoint et trouver des preuves de dissimulation, tandis que l'huissier de justice est chargé de récupérer les documents pertinents et d'assurer la division équitable des biens.

Histoire N°39 :
Affaire de contrefaçon

Une avocate représente une entreprise qui a découvert que ses produits sont contrefaits et vendus sur le marché. Le détective privé est engagé pour retracer la source de la contrefaçon et trouver des preuves, tandis que l'huissier de justice est chargé de saisir les produits contrefaits et de faire appliquer les ordonnances de justice pour mettre fin à la contrefaçon.

Histoire N°40 :
Affaire de pension alimentaire

Une avocate représente un parent qui n'a pas reçu de pension alimentaire de la part de son ex-conjoint. Le détective privé est embauché pour enquêter sur les actifs du débiteur et trouver des preuves de sa capacité à payer, tandis que l'huissier de justice est chargé de saisir les avoirs du débiteur pour satisfaire la dette.

Histoire N°41 :
Affaire de fraude financière

Un client a engagé un avocat pour enquêter sur une possible fraude financière au sein de son entreprise. L'avocate a alors fait appel à un détective privé pour mener une enquête approfondie et recueillir des preuves tangibles. Le détective privé a travaillé en étroite collaboration avec l'avocate pour rassembler des éléments de preuve solides et convaincants. L'avocate a ensuite travaillé avec un huissier de justice pour obtenir une ordonnance de saisie conservatoire afin de protéger les actifs de l'entreprise en attendant la résolution de l'affaire. Grâce à la collaboration entre les trois professionnels, le client a été en mesure de récupérer une partie de l'argent perdu et de poursuivre les fraudeurs en justice.

Histoire N°42 :
Affaire de divorce

Dans une affaire de divorce, une avocate représentait une cliente qui soupçonnait que son mari dissimulait des actifs. L'avocate a travaillé avec un détective privé pour enquêter sur les finances de l'époux et trouver des preuves de l'existence de comptes bancaires cachés et d'autres actifs dissimulés. Le détective privé a travaillé en étroite collaboration avec l'avocate pour recueillir des preuves solides et les présenter devant le tribunal. L'avocate a ensuite travaillé avec un huissier de justice pour obtenir une ordonnance de saisie des actifs dissimulés. Grâce à la collaboration entre les trois professionnels, la cliente a pu récupérer une partie des actifs dissimulés et obtenir une compensation financière juste lors du règlement de son divorce.

Histoire N°43 :
Affaire de harcèlement

Un employeur a engagé une avocate pour enquêter sur un cas de harcèlement de l'un de ses employés. L'avocate a travaillé avec un détective privé pour recueillir des preuves de harcèlement et d'intimidation de la part d'un autre employé. Le détective privé a travaillé en étroite collaboration avec l'avocate pour rassembler des éléments de preuve solides, notamment des témoignages et des enregistrements audios et vidéo. L'avocate a ensuite travaillé avec un huissier de justice pour obtenir une ordonnance restrictive contre l'employé harceleur. Grâce à la collaboration entre les trois professionnels, l'employé harceleur a été licencié et l'employé harcelé a pu reprendre son travail en toute sécurité.

Histoire N°44 :
Affaire de propriété intellectuelle

Un inventeur avait conçu une nouvelle technologie et soupçonnait que l'un de ses anciens collaborateurs avait volé sa propriété intellectuelle. L'inventeur a engagé un avocat pour enquêter sur cette affaire de propriété intellectuelle.

L'avocate a travaillé avec un détective privé pour enquêter sur les activités de l'ancien collaborateur et rassembler des preuves de violation de la propriété intellectuelle. Le détective privé a travaillé en étroite collaboration avec l'avocate pour obtenir des témoignages, des preuves électroniques et des documents confidentiels. Les preuves recueillies ont montré que l'ancien collaborateur avait utilisé la technologie de l'inventeur pour créer un produit similaire sans autorisation.

L'avocate a ensuite travaillé avec un huissier de justice pour procéder à la saisie-contrefaçon chez l'ancien collaborateur. L'huissier de justice a saisi tous les produits contrefaits et a délivré une injonction à l'encontre de l'ancien collaborateur pour l'empêcher de continuer à utiliser la technologie volée. En fin de compte, l'inventeur a pu récupérer sa propriété intellectuelle et a obtenu une compensation pour les dommages subis.

La collaboration entre l'avocate, le détective privé et l'huissier de justice a été essentielle pour résoudre cette affaire de propriété intellectuelle complexe et protéger les droits de l'inventeur. Leur expertise combinée a permis de rassembler des preuves solides et d'obtenir des décisions judiciaires favorables pour mettre fin à la violation de la propriété intellectuelle.

Histoire N°45 :
Vol de secrets commerciaux

Un chef d'entreprise a contacté une avocate car il avait des soupçons sur un de ses anciens employés qui avait récemment quitté l'entreprise pour travailler pour un concurrent direct. Le chef d'entreprise avait des raisons de croire que cet ancien employé avait volé des secrets commerciaux importants et les avait donnés à son nouvel employeur.

L'avocate a engagé un détective privé pour enquêter sur l'ancien employé et le concurrent direct. Le détective a effectué des recherches approfondies sur les activités de l'ancien employé, y compris l'examen de ses déplacements, de ses communications et de ses activités en ligne.

Le détective privé a découvert que l'ancien employé avait effectivement volé des secrets commerciaux et avait commencé à les utiliser chez son nouvel employeur. Les preuves ont été présentées à l'avocat qui a déposé une plainte devant le tribunal pour vol de secrets commerciaux.

L'avocate a également travaillé avec un huissier de justice pour saisir les biens du concurrent direct qui avait acquis les secrets commerciaux volés. L'huissier a effectué une saisie sur les biens du concurrent, y compris les ordinateurs et les fichiers contenant les informations volées.

Grâce à la collaboration entre l'avocate, le détective privé et l'huissier de justice, le chef d'entreprise a pu récupérer ses secrets commerciaux volés et obtenir une compensation financière pour le préjudice subi.

Histoire N°46 :
Non-respect de contrat de travail

Un employeur soupçonnait l'un de ses anciens employés d'avoir violé une clause de non-concurrence dans son contrat de travail en créant une entreprise concurrente. L'employeur a engagé une avocate pour poursuivre l'ancien employé en justice. L'avocate a travaillé avec un détective privé pour collecter des preuves de violation de la clause de non-concurrence. Le détective privé a surveillé les activités de l'ancien employé et a recueilli des preuves photographiques de l'utilisation de documents confidentiels appartenant à l'employeur dans l'entreprise concurrente.

L'avocate a ensuite demandé à un huissier de justice de signifier une assignation à l'ancien employé pour le poursuivre en justice. L'huissier de justice a remis l'assignation en personne à l'ancien employé et a dressé un procès-verbal de signification.

Lors de l'audience, l'avocate a présenté les preuves collectées par le détective privé et a invoqué la violation de la clause de non-concurrence dans le contrat de travail. Grâce aux preuves collectées, l'ancien employé a été reconnu coupable de violation de la clause de non-concurrence et a été condamné à payer des dommages et intérêts à l'employeur.

Histoire N°47 :
Harcèlement moral

Un employé d'une entreprise a été victime de harcèlement moral de la part de son supérieur hiérarchique. L'employé a engagé une avocate pour l'aider à se défendre contre le harcèlement et l'avocate a travaillé avec un détective privé pour recueillir des preuves de harcèlement et pour établir un dossier solide à présenter devant les tribunaux. L'huissier de justice a également été impliqué pour assurer la signification des actes et le respect des décisions de justice.

Histoire N°48 :
Affaire de contrefaçon

Une entreprise de cosmétiques a soupçonné l'un de ses concurrents de contrefaire certains de ses produits. L'entreprise a engagé une avocate pour engager des poursuites judiciaires et l'avocate a travaillé avec un détective privé pour enquêter sur les activités de la société concurrente et rassembler des preuves de contrefaçon. L'huissier de justice a été impliqué pour assurer la signification des actes et le respect des décisions de justice.

Histoire N°49 :
Affaire de divorce conflictuel

Un couple engagé dans un divorce conflictuel a besoin d'une avocate pour les représenter devant les tribunaux. L'avocate a travaillé avec un détective privé pour enquêter sur les actifs du couple et pour recueillir des preuves de tricherie ou de dissimulation de biens. L'huissier de justice a été impliqué pour signifier les actes et exécuter les décisions de justice, telles que la liquidation des biens.

Histoire N°50 :
Affaire de vol en entreprise

Une entreprise a signalé une série de vols de marchandises et a engagé un détective privé pour enquêter sur les vols. Le détective privé a travaillé en étroite collaboration avec l'avocate pour rassembler des preuves et pour engager des poursuites judiciaires contre les auteurs des vols. L'huissier de justice a été impliqué pour signifier les actes et pour récupérer les biens volés en vertu d'une décision de justice.

Voici une liste non exhaustive de cas où il peut y avoir une collaboration entre un détective privé, un avocat et un huissier de justice :

- Divorce et garde d'enfants, un avocat peut être engagé pour représenter un parent dans une procédure de divorce ou de garde d'enfants. Le détective privé peut alors être engagé pour enquêter sur le conjoint et fournir des preuves de comportements inappropriés, comme l'abus d'alcool ou de drogue, ou la négligence des enfants. L'huissier de justice peut être engagé pour exécuter les ordonnances de la cour en matière de garde d'enfants ou de partage des biens.

- Litige commercial, dans un litige commercial, l'avocat peut être engagé pour représenter une entreprise. Le détective privé peut être engagé pour enquêter sur un concurrent potentiel, un employé ou un partenaire commercial, et pour recueillir des preuves de comportements répréhensibles, tels que la violation de contrats, la fraude ou le vol de propriété intellectuelle. L'huissier de justice peut être engagé pour signifier les actes de procédure, recouvrer des créances ou exécuter des jugements.
- Fraude à l'assurance, dans une affaire de fraude à l'assurance, un avocat peut être engagé pour représenter une compagnie d'assurance. Le détective privé peut être engagé pour enquêter sur les circonstances entourant la demande d'indemnisation et pour recueillir des preuves de fraude, comme la simulation d'un accident ou la fausse déclaration de sinistre. L'huissier de justice peut être engagé pour signifier les actes de procédure, saisir des biens ou recouvrer des créances.
- Harcèlement ou violence conjugale, dans un cas de harcèlement ou de violence conjugale, un avocat peut être engagé pour représenter la victime. Le détective privé peut être engagé pour enquêter sur l'harceleur ou le conjoint violent, pour recueillir des preuves de comportements répréhensibles, et pour aider à préparer un dossier pour la cour. L'huissier de justice peut être engagé pour signifier les actes de procédure, protéger la victime et exécuter les ordonnances de la cour, telles que les ordonnances de non-communication ou de protection.
- Dans le cadre d'une affaire de litige commercial, le détective privé peut être chargé par l'avocat de recueillir des preuves sur les pratiques commerciales de l'adversaire, telles que la violation de clauses de non-concurrence, le détournement de clientèle ou le non-respect de contrats. L'huissier de justice peut ensuite intervenir pour signifier une mise en demeure ou une assignation en justice à l'adversaire.
- Dans le cadre d'une affaire de droit du travail, le détective privé peut être chargé par l'avocat de l'employeur de mener une enquête sur un salarié soupçonné de fraude, de vol ou de concurrence déloyale. L'huissier de

justice peut ensuite intervenir pour signifier une convocation à l'entretien préalable ou une lettre de licenciement au salarié concerné.

- Dans le cadre d'une affaire de droit de la famille, le détective privé peut être chargé par l'avocat d'un parent de mener une enquête sur les conditions de vie de l'autre parent en cas de litige sur la garde des enfants. L'huissier de justice peut ensuite intervenir pour signifier une assignation en justice à l'autre parent et pour procéder à la mise en place de la garde si le jugement lui donne raison.
- Dans le cadre d'une affaire de droit de la propriété intellectuelle, le détective privé peut être chargé par l'avocat de l'ayant-droit de mener une enquête sur un contrefacteur présumé. L'huissier de justice peut ensuite intervenir pour faire constater la contrefaçon et pour procéder à la saisie des produits contrefaits chez le contrefacteur.

Résumé :

En résumé, la collaboration entre l'avocat, le détective privé et l'huissier de justice peut être très fructueuse dans de nombreux domaines du droit, tels que la propriété intellectuelle, la contrefaçon, l'immobilier, les affaires familiales, la recherche de débiteurs et les enquêtes pénales. Chaque métier apporte des compétences spécifiques et complémentaires, permettant une meilleure résolution des dossiers et une défense plus efficace des intérêts de leurs clients. Toutefois, cette collaboration doit se faire dans le respect des règles déontologiques et des lois en vigueur dans chaque profession, garantissant ainsi l'intégrité de l'enquête et le respect des droits de chacun.

Table des matières

Printed by Books on Demand GmbH, Norderstedt / Germany